HOO'S TA
ON ?

A book of Cumberland Tales, in the dialect of Carlisle and district, by the late

Harold Forsyth

Edited by Ted Relph

Lakeland Dialect Society
2002

GREETING

If ivver twea farmers i' Carel should meet
Ye'll hear wat they say t' udder seyde o' th' street;
Ower t' rwoar o' th' buses cu's t' voice o' gud cheer,
An' these is the wurds 'at for sartin ye'll hear :
"Hoo's t'a gaan on, lad; hoo's t'a gaan on !
Thoo's leukin' gey badly - bit hoo's t'a gaan on ?"

Harold Forsyth

ISBN : 0 902401 12 2

Published 2002

The cover picture is taken from a snap of Harold, in the role of 'Village Idiot', at the Carlisle Historical Pageant of 1951.

Harold Forsyth from a sketch by Robert Forrester, 1956

HAROLD FORSYTH

Harold will be best remembered for his championing the cause of Dialect in his native county. He was born in one of the houses near the Warwick Road end of Greystone Road in Carlisle, as long ago as 1907. In his account of the Lakeland Dialect Society, reproduced on page 95, he tells us that he attended Brook Street School, where he was 'by no means the brightest pupil'. There they were taught by one Taffy Marshall, who did his best to beat the dialect out of them, but in the playground and street it flourished as before.

He was a life-long supporter of the Lowther Street Congregational Church (now United Reformed), where, at the age of just twelve, he met Woodrow Wilson, the U.S. President, during a visit to Carlisle in 1918. As a result he was to become a founder member of the recently formed Woodrow Wilson Society. Wilson was descended from a Cumberland family.

Later, the Forsyths moved to Dalston Road and after his marriage he went to Newby West and Kirkbampton. His wife, Mary died in 1984 and Harold soon returned to Carlisle, ending his days at Thirlwell Gardens, only a stone's-throw from where he was born. Forty-three years of his working life were spent at the Cumberland Building Society, where he rose to be Chief Accountant, before retiring in 1972. There are two sons, Neil and Allan, with two grown-up grandchildren.

Over the years, he was a good friend to many folk in Carlisle and had a keen interest in local affairs. He was a well-known and popular entertainer, particularly during the war years, and an account of his leading role in the old Annual "Cummerlan' Neets" appears later in this book. He was a avid writer, especially in dialect, and also a musical arranger of local themes, with considerable ability. He helped to revive the Carlisle Male Voice Choir in 1946 and later became its Conductor, a post he held for a quarter of a Century.

CONTENTS

DIALECT STORIES

SUPPLEMENT

***　***　***

- **Pieces marked with an asterisk have never been printed in the Society's Journal.**

Hoo's ta gaan on?

Harold Forsyth's Cummerlan' Tales

I
The Matt and Jonty Stories

The same characters keep cropping up in most of Harold's tales, and the setting for these is often the local pub., kept by Spuggy Green.
We can usually identify Harold himself as Jonty Milligan and his friend is Matt. Wulson

MATT & JONTY

"It ses here" ses Matt, stabbin' his finnger at his Cummerlan' News', " 'at this farmer, when ax't wat he hed ta say aboot t' tatie crop, replied ***tersely*** . . . Wat's 'terse'?"

"T' fust carriage in a funeral," ses Jonty, "T' yan 'at carries t' coffin."

"Ah divvn't think that's reet," objectit Matt., "It dissn't fit in, leyke."

"Weel, Ah owt ta knaw - Ah yance druv yan, just ta' help owd Joe Mattocks when his lad Jimmy hed gitten t' flew", ses Jonty. "Eeh, ah'll nivver fergit that day! Me, ahint t' wheel ov a Rolls-Royce! It wes Jock Barnes 'at we war putten away, an' it com' as nea swort o' shock as t' peur owd chap wes ninety-three-an-a-bit. Owd Joe Mattocks (he's retir't noo, bit he wes t' best undertakker i' twea coonties - they ca' 'em 'funeral directors' noo - seame wid owd Billy Rudd t' rat-catcher, he's a 'rodent-summat-er-udder' bit beath t' jobs is t' seame as ivver they war.) . . . Wheer wes Ah? Oh aye: Joe Mattocks cums up this mwornin' makkin' a greet clash; cud Ah oblige him at shwort nwotice? When he tells ma wat he wants ma ta deuh, Ah wessn't ower keen; bit Joe ses Ah'll be awreet, ther's nobbut three things ta bodder wid: ta be drist proper; nut ta whussle at mi wark, an' ta keep t' Rolls doon till a neyce stiddy ten m.p.h. Sea Ah puts on mi best suit, a celluloid dicky, ga-ta-Heaven collar an' blacktie, whel Joe's dancin' roon' sayin' ther's nea teyme ta loss, git crackin' - an' varra seun we war off.

"Ah hawf thowt we med hev hed a bit o' bodder wid t' liftin', owd Joe allus wes a orkerd cuss, bit aw went weel; t' ownly trubble Ah hed messel' wes ta keep mi feass streight an' mi dicky fra' poppin oot ower mi weskit. We hed t' parson in t' frunt wid us, bit he sed nowt, just 'at we'd gitten a neyce day fer t' job. Ah wes gaen neyce an' easy, meyndin' on ta keep mi feut off t' accelerator. Ther' wes three cwoaches ahint us, an' a gay lot o' cars anaw, an' Ah wes keepin' a leukoot in t' mirror ta see 'at aw wes reet. As we gits near till the summetery, Ah spots this laal van dodgin' in an' oot o' t' traffic; he gits reet aback o' ma. Ah knaw misel' wat it's leyke ta be held up bi a funeral persession, sea thinks Ah till misel'; Reet, mi lad, Ah'll let ye through, an' Ah pulls in a la-al bit. He taks the hint an' shoots past, bit he hes ta pull in gey sharp ta dodge t' traffic, at that.

Ah think we aw three seen t' back o' t' van at t' seame teyme, bit it was Joe t' undertakker 'at spok' up fer us aw. Ther' wes nobbut five wurds theer: - 'Come alive with Pepsi-Cola.'

"Gor bun," ses Joe, "Nivver! Nut when we've gitten him as far as this!"

***   ***   ***

A PLAANE TEALL

"Thoo's nut sec a bad han' at tellin' tealls," ses Matt ta Jonty ya neet i' t'local. "Thoo's as offen as nut gat a new 'un up thi sleeve. Weel noo, ower th' eears wat wad thoo reckin's bin thi faavouryte?"

"Eeh, thoo dis set a chap sum pwosers," replies Jonty, "Ah've bin at it varnnar aw mi leyfe, an' thoo hes t' narve ta ax mi ta pick yan oot!"

"Gan on - wat aboot sum o' them ye telt on t' BBC?" chips in Spuggy Green. "Thoo knoas, leyke Jwohn Ennery gaan ta git his hair cut. Er that 'Merrican fella 'at com ta stop wid Joe Ridley? ... Er wot aboot -"

"Hod thi whist," ses Jonty, sharpish. "Ah'll tell thi yan'at's stopt wid mi fer eears, bit Ah divvn"t think Ah've ivver telt it ower - Ah divvent knaw why, cos Ah reckin it's a gay good 'un."

A good few eears back, yan o' thim fleein' macheens hed just crost t' Channel, headin' ower Nworthen France (ses Jonty) As weel as t' pilot abwoard, there wes three passingers. They heddn't gitten aw that far inta France tull t' pilot turrns hissel aroon' an' ses: "Ah's sworry ta tell ye wer I' deed trubble, injun faaliure, nowt Ah con deau aboot it - it's a caase noo ov ivvry man fer hissel'. Aw Ah con deau is ta set t' plaane ta crash I' oppen country, Ah wad say we hev nobbut sebben ta ten minnits.

Bit t' trubble is, ther's fower on us an' we'v nobbut three parra-shoots abwoard - thoo can see Ah's gitten yan o' them strapt on, cos if Ah divvn't git oot o'this an' mek mi repwort Ah'll bi in aw sworts o' bodderment - Ah med even git sackt. Noo divvn't wurry thisels aboot t' cost o' t' plaane - it's insure't, an' Ah's nut!" He leuks at his watch. "Weel, git thisel's sworted, an' t' best o' Brittish. - Fares-taweel," ses he, an' doon he gaas.

T' furst yan ta speak - an' he losses nea teyme aboot it - ses leyke this: "Noo leuksa, Ah's neaboddy else bit t' Braan o' Britten, an' Ah's on mi way till a warrldweyde carry-on ta reprisent t' owd Country. Th' whopes ov aw t' nayshen is restin' on mi' showders, an' Ah reckin mi Braan's far ower vallyble ta bi lost in a plaane crash - sea mappen ye wad agree 'at that's eneuf ta gie mi t' furst shoot?" An' widoot waitin' fer t' udders ta say aye er nay, he lowps oot that quick, thoo cud ha sworrn sumboddy hed shooted "Speatri!"

That left t' last cupple - an' a mix't pair they war ano - an owd Bishop an' a laal bwoy scout. Ses t' Bishop (in his own mak' o' toak): "Leuk, lad, thoo's reet at t' beginnin' o' thy leyfe, an' meyne's varnar deun.. Gan on, thoo tek' t' parra-shoot, an' A'll ga doon wid t' 'plaane."

"Nay, it's awreet, sir," ses t' laal scout, "We hev a parra-shoot apiece - leuksta - slip it ower thi shoulders quick - we hevvn't aw that much teyme." "Yan each?" ses t' Bishop, "Hoo can that bi?"

"Weel, sir, it's leyke this," ses t' lad, "When t' Braan o' Britten lowpt oot I' sec a hurry, he teuk my rucksack wid him !!"

*** *** ***

WHEE NEEDS A PWOSST CWODE ?

"Ah seed thi missis gitten on t' Carel bus aboot hauf-n-oor back." ses Matt Wulson; "Is she off on yan ov hur shoppin' larks?" "She is that," ansers Jonty Milligan. "That'll keep hur thrang fer t' rest ov t' efterneun."

"Dis t'a nivver ga wid hur?" axes Matt.

Jonty wunder't, nut fer t' furst teyme, wey a aw-weyse Providence hed putten Matt next dooer till him, wid nowt else ta deuh bit ax dam daft questins. ,

Hooivver, thinks he, nea sense i' gitten mi rag oot, an' he ansers, "Ah nobbut went yance - nivver agean: In aw mi bworn daays, Ah's nivver bin sea paggert - playin' center forret fer Banton 'Arriers leyke Ah did aw them eears back wes a doddle compairt till a efterneun's shoppin' wid t' owd boddy."

"Whaer dis she git till?" wunder't Matt.

"Ah wad say ivvry shop i' Carel," ans'rs Jonty. "Bit she allus ends up in hur favouryte - Bullough's. Thoo knoas Bullough's - it's bin on t' gaa 's lang's Ah can meynd on. Teyme she gits theer she's riddy fer a cuppa: Noo that meynds me on aboot summat a chap towd me aboot the caff i' Bullough's (Ah divvn't knaw if ther's anny trewth in 't er nut) - bit he reckn't the' hed a nwotice up 'at went summat leyke this: "If thoo leykes ta stub thi fag-end oot in thi coffee-cup, please tell t' waitress, an' she'll sarra thi' coffee in a ashtray'." "Ther's nea smeukin' i' Bullough's caff noo," ses Matt. "Oh, thoo knoas whoar it is, than?" ses Johnty.

"Aye," ses Matt. "Opposyte t' Cathedral."

"Opposyte t' Cathedral," repeats Jonty. "Ivvrybody ses that. It's wot they put i' aw ther advertysements - opposyte t' Cathedral. It wurks an' aw ivvryboddy gits theer. . . Sit back fer a bit, an' Ah'll tell thi summat aboot t' histry o' them parts."

Eears an' eears back (ses Jonty) when the'd just gitten t' Cathedral builded, t' Dean an' Chapter war hoddin' a meetin' ta fix up aboot gittin' it on t' map. "Gents," ses t' Dean, "Wat Ah wannt is thi thowts on hoo ta full this spot. It's nea yuss dependin' on t' lwoacals, ther's nut eneuf o' them ta keep t' dooers oppen. Wat we hev ta deuh is ta git t' pilgrims in fra aw arts an' parts - they're t' fwoak wid t' brass. Sea wat Ah wannt you lot ta deuh is ta think oot t' best waay ta let t' pilgrims knaw whoar we're at, an' hoo ta git here. "Then t' Dean sat hissel doon, an' t' rest ov' em' sat chowwin' wativver the' use't fer pencils I' them daays - bit neaboddy cu's forret wid anny nwoshon. Aw ov a suddin t' Dean gits till his feet agean. "Problem solved," he shoots oot. "Aw we need is hawf-a-dizzen heralds on hossback targin' oot ivvry which waay each 'un carryin' a banner! (here thoo cud see him gitten a bit carriet awa) "A Banner wid the straange device - Exchel - Exchel - (GOT IT! EXCELSIOR !)

"Here noo" ses he, breathin' oot, "That's rayder good; pot it in minnit-beuk. Ah'd leyk feuture gennerati'ns te hev t' benefit on't . . . . Nay," ses he, "'Wot's t' gud o' bodderin? Seuner er leater sum geezer'll cum alang an' pinch it."

Aw went whiet agean, than a chap at t' back peypes up. "Mister Dean," he ses, "This 'ere banner wid th' straange deevice - hoo're yer eggshells gaan ta help t' pilgrims ta git ta Carel?"

"Ah wes cummin' ta that," ses t Dean, "Anonder Excelsior (that's nobbut t' headin' on' t' banner) we put summat leyke this: 'Callin' aw pilgrims - noo oppen fer bisness - Carel Cathedral - Opposyte Bullough's!"

***　***　***

STREAKERS

Ye waddn't wish ta hev a better neebor ner Matt Wullson (said Jonty Milligan). He's t' swort 'at wad deuh owt ta help, reet doon till his last hawp'ny; he'd be furst roon' if ther' wes owt wrang - he'd nivver let ye doon, com wat may. It's just a sheam, tho', he dissn't fin' a lot ta laff aboot - he's gitten neah sense o' fun at aw!

Nut sea lang sin', a few on us war in t' lwocal, It weas a gey cowd neet ootseyd, wid a laal bit o' snow fo'en, bit we war awreet, wid a cwoal feyre hawf way up t' chimla'. "Thoo knoas," ses Ted Pearson, "Ah thowt this cowd snap wad ha' pot a stop ta them streakers at fitbaw an' Rugby matchis - bit nut a bit on 't! Las' Setterda' a cupple o' them turrn't oot - yan ov each - et Twickenham:"

"Thoo dissn't say," ses Matt. "Ah miss't that bit - hed they neah cleas on?"

"Neak't as a cupple o' gorps," ses Ted. "If thoo wannts ta streak, thoo hes ta git doff't. Bit they waddn't pot t' cameras on 'em."

"Why ivver nut?" axes Matt.

"Whey, min, it stan's ta reason," pots in Tommy Turner, "The' divvn't wannt 'em ta git ther' feaces - er owt else - on t' telly; t'wad nobbut mek udder fwoak wannt ta hev a ga."

Ses Ah: "Mappen the' med git summat o' t' swort gaan at Brunton Park. 'T wad creat a bit ov a divarshin, an' if the' cud spreead t' wurd roon' afoorhan', t' wad bump t' geate up a bit."

"Only bit ov entertainment the've hed theer o' leate" ses Ted, "wes a stray dog an' Gor Bon, bit that animile hed better ba' contrwol ner any o' t' players, referee an' pollis aw hed a ga afoor the' collar't it, leater on in't gemme, th' sum comedians on t' bank war shootin' fer them ta fetch t' dog back".

Laal Spuggy Green chim'd in fra t' back o' t' 'bar. "Ye'll nut git neah streakin' at Brunton Park. T' dyrecters hev awriddy consider't it, bit the' turn't it doon on t' adveyce o' t' pollis."

Noo aw this teyme owd Fargy o' t' Croft hed bin sittin' sayin nowt. He teuk his peype oot ov his mooth an' ses:

"Ah've gitten news fer aw ov ye. This streakin' malarky is spreeadin' till pensioners' clubs."

"Nivver," we aw sed.

"True as Ah'm sittin' here," ses Fargy. "T' was nobbut las' Wensda' when a owd boddy gaas ta hur club meetin' i' Carel. Aw t' owd fowak ur sittin' roon' waitin' fer t' bingo ta start; quick as leetnin' she drops aw hur gear i' t' dooerway; than, stark neak't, she shuffles reet up t' reum, dis a U-turn at t'top an' shuffles back till t' dooer. Neaboddy ses nowt fer a laal bit, than yan owd gadgie leans ower an' ses till his marra:

"That chap wannts ta git his suit press't".

Ivvrybody laff't, bar Matt.

"Ah divvn't git it," ses he. "Thoo sed t' wes a woman-boddy, an' t' owd feller sed it wes a chap. An hoo cud he - er she - git a suit press't when she - or he - wes weearin' nowt at aw - It dissn't mek sense."

Afoor any on us cud say owt, owd Fargy wes on his feet. He went ower ta Matt, pot his han' on his showder an' ses as gentle as cud be:

"Fergit it, Matt, Just pertend it nivver happen'd."

*** *** ***

OOR VILLAGE

Thoo med bi hard pot till it ta fin' Nether Banton on a map, bit thoo con tak 't ta bi mebbe six er sebben meyle ta t' West o' Carel. Ther's nowt much theer ta leuk at: a scheul, a kurk, a laal shop whaar thoo can buy aw maks. Ther's a garridge, 'at use't ta bi a smiddy, farm hooses an' cottiges, an' a laal clwose o' cooncil hooses. An' divven't fergit "The Feathers" (that's th' lwocal, mannish't bi laal Spuggy Green). When thoo's addit t' Village Ha' ta that lot ther's nut much mair. ....Oh. aye? Ah'll tell thi aboot t' new bungalows in a minnit

Thoo can leuk reet ower t' Solwa' ta Scotland, Annan way, wid t' fower coolin' towers o' Chapel Cross weel in thi leyne o' vision. Nether Banton wedder hes nowt at aw ta deuh wid BBC forecasts; it allus gaas leyke this: If thoo con see Chapel Cross ower clear, it's gaan ta rain; If thoo connot see Chapel Cross - it is rainin'

T' wimminfwoak keep thersels thrang wid t' W.I. Yan o' ther' special efforts is when they gi'e th' pensioners a outin' an' supper - toak aboot "gracious living" - Mrs Milligan's cream ceakes an' lemon pies is that good 'at it's bin sed they owt ta be set ta music. Jonty, hur husban', dis his best ta keep her fra gitten ower cocky bi meyndin' her oa aboot her "upseyde doon" ceake which, as often as nut coos oot t' reet seyde up. Yan o' t' ladies (A'll neame nea neames) wes yance heeard ta say she fair leuv't a bakin' day; she reckon't it was ya day in t' week 'at she could depend on gitten her hands clean,

Summat leyke twenty 'eear back a smo' estate o' bungalows went up at t' East en' o' t' village. They war aw snap't up bi off comers 'at wurk't i' Carel, bit hed nowt much ta deuh wid lwocal leyfe. Yan o' them was a gadgie co'd Sampson, at was soppwosed ta wurk in a Bank, bit wes mair ov a beer-drinker ner owt else. He spent a lot ov his neets i' th' Feathers", tryin', as he sed, ta git things movin'. Bit t' mair he tried, t' mair th' lwocals teuk his efforts ta be a tak-ower bid; an' tho' they sed nowt oot o' pleace tull him, amang thersel's he wes allus spokken ov as "The Quality".

Jonty, i' t' coorse ov his job as joiner an' odd-job man, hes gitten his-sel inseyde sum ov them new bungalows, an' hes seen fer his-sel' hoo t'udder hauf leeves. He ses tull Matt Wulson, his neebour: "Thoo knoas,

Matt, they'r nowt leyke t'seame as us. Gitten in theer an' seein' wat Ah've seen hes cheanged mi wholl way o' leyfe."

"Hoo's ta mak that oot?" axes Matt.

"Weel, fer ya thing," ses Jonty, "They hev' bunches o' greapes on t' seydebwoard, even if neabody's badly."

Leyfe gaas on. T' Village Ha's thrang wid whist dreyves, hops, Youth Club Discos - an', mair ner owt else t' ivverlastin' Bingo. "Thoo'd nivver beleeve" ses Jonty, when Matt ax't him hoo t' bungalow fwoak pot ther teyme in. "They gaa intil yan anudder's hooses an' play scrabble. Matt hed nivver heeard tell o' scrabble. "Thoo knoas," ses Jonty, patient-leyke, "It's nobbut Bingo wid O-levels."

*** *** ***

THE BOYS I' BLEW

"Toakin' o' t' pollis ..." sez Jonty, signallin' ta laal Spuggy Green ahint t'bar ta set `em up agean. Matt wes reyder flummox't; he couldn't meynd on `at t' pollis hed ivver com inta t' reck'nin' that neet, Hooivver, he kent Jonty weel eneuf ta say nowt; thinks he, if Jonty wannts ta say summat aboot t' pollis he's gaan ta say it, an neaboddy's gaan ta hev nea option.

"Toakin' o' t' pollis," ses Jonty agean, "Ah meynd when ye could toak aboot a bobby's job - t' seam thing as t' leyfe ov Riley - meanin' ye could git nowt better. Ivvrybody behav't ther'sel's; ye could ga doon t Brunton Park i' Carel ov a Setterda' efterneun - an' wat wad ye see? Ah'll tell the' - thoo'd see yan sinngle constabule paradin' up an' doon t' touchleyne aw efterneun; aw he wes consarn't wid wes hoo ta keep his feet warrum! NOO - wat div ye git? Pollis cars, pollis vans, dogs, dog hannlers, aw maks o' boys i' blue. Gor bon, ther's varneer mair pollis 'n ther's suppworters!"

Ses Tommy Turrner: "Ah, bit things is aw cheang't noo. in t' owd days if a hoose gat brokken intil, thoo could be varneer sartin 't wad be a lwocal job, an' t' bobby on t' beat wad knaw whoar ta leuk an' whae ta leuk fer. These teymes, them chaps hes it awe wurk't oot weel in advance; the've gat a fast car stannin' by, they deuh ther' stuff, wurkin' till a teyme-teabble, than off the' gah doon t' M6 - a'meast afoor thoo con cop thi breeath!'

“An’ the’ mak’ off wid t’ queeres’ things,” pipes up laal Spuggy, “`T’ was nobbut las’ week a complete set o’ traffic-leets went missin’ fra’ t’ top o’ Warrick Rwoad i’ Carel”

“Thoo dissn’t say!” ses Jonty, “Traffic-leets, eigh? Sum fwoak ’ll stop at nowt.”

Neaboddy could argify wid that, sea things went whiet fer a laal bit. Than Matt spak up:

Dudn’t Ted Pearson’s lad - young Deavie - fancy a pollis job? Hoo dud he com on?”

“Dud ta nut hear?” ses Jonty. “The’ ca’d him in fer a interview. T’ phissical wes champion, he gat throo that widoot any bother. Hooivver, when it com tull t’ intelligence an’ gen’ral nollidge bit he dudn’t deuh aw that weel. The’ nobbut ax’t him three questins; t’ furst ‘n wes ‘Whoar is Hadrian’s Waw?’ Ses Deavie: ‘Roon Hadrian’s hoose.’ T’ secind, ‘Let’s say ye’r on duty in a villige, an’ ye see ‘at a bull’s lowse an’ ’s cummin doon t’ rwoad - wat steps wad ye tak? Ses he: ‘Lang ‘uns an’ quick ‘uns.’

The’d just aboot gien up bi than, bit the’ thowt, he’s sec a weel set -up lad, if he con mak any swort o’ shot at t’ thurd questin, we’ll fergit aw aboot t’udders an’ fin’ him job. Sea t’ spwokesman axes, “Dis ta knaw hoo far `tis fra’ Carel tull Edinbro?

“At that, Deavie slaps his hat on his heead an’ ses: “If thoo’s plannin ta put ma on that beat, Ah’s awa’ heam. Efterneun, aw.”

“Teyme, gents,” ses Spuggy, “Sup up.”

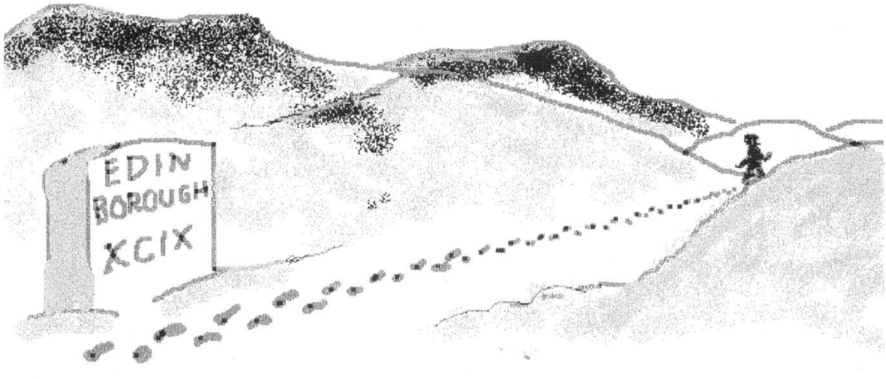

COMICS

"Sumteymes Ah wunder" ses Jonty, "Wheer hev aw th' comics gaene?"

"Neewhor," replied Matt. "Ah seen a cupple ov 'em nut ower lang sin' - t' Beano an' t' Dandy - still gaan strang. Teuk mi back a bit anaw; thoo knoas, Ah wes browt up wid Disparat Dan an' Dennis th' Mennice."

"Ah divvn't mean them swort o' comics," ses Jonty, sharpish. "Ah's toakin' aboot COMEDIENS - fellas leyke Tommy Handley, Ted Ray an' Sandy Powell; nut fergittin' Mworecam an' Wise, an mappen t' best 'un o' t' lot, Tony Hancock."

Sum ov 'em (went on Jonty), leyke Hancock, if aw tealls ur trew, war varra diffrunt off-steage; ye cuddn't git a wurd oot ov 'em. Bit udders wer natteral comics, allus geame fer a bit o' fun, Noo Ah'v heeard tell Eric Mworecam wes leyke that. He wes futba' mad anaw Thoo meynds t' teymne when Carel United war i' t' secind divishn? Weel, this Setterda' Ah's toakin' aboot, the' war playin' awa' at Luton. United chairman, Ted Sheffield, gat theer a bit urly, he woaks aboot t' Luton grun' a laal bit; ther' wes neaboddy ta bi seen, - than he turrns a cworner an' runs slap-bang inta t' Luton Chairman, An' whea should this be bit Eric Mworecam hissel. Fer wannt o' summat better ta say, Ted tells Eric: "D' you know, I left Carlisle at half-past-six this morning." - an' Eric dis his famish twiddle wid his specs an' replies: "I don't blame you!"

When war brok' oot (noo wheer hev Ah heeard that'n afoor? - Neaboddy bit Rob Wilton, an' theer's anudder ov 'em fer ye!); as Ah wes sayin', when war brok' oot, neaboddy cud fergit hoo Tommy Handley kep' gaan wid ITMA - bit nut sea many 'll mind on aboot a dubble act he did roon' t' seame teyme wid anudder comic, Ronald Frankau - the' ca'd thersel's Mister Murgatroyd an' Mister Winterbottom. The' shot gags at yan anudder that quick, thoo hed ta keep thi lugs weel cock't, er thoo misst meast on 'em. Yance ower, Mister Murgatroyd (that wes Frankau) ses he's nivver met Missus Wintebottom - wat siccan a body wes she? Ses Handley (Mister Winterbottom): "A cold stern lady."

Bit, thoo knoas, fer sheer speed Ah wad say that t' daddy o' thum aw wes Ted Ray . Thoo cud neame anny subjec', Ted wad gie thi back summat reet off t' belt-en'; thoo cud tell him anny teall, an' he wad be reet in theer ta cap it wid anudder. Sumboddy yance ax't him wat he wad leyke ta hev putten on his toomstean bi way ov a hepitaff - an' widoot stoppen fer breeath, he ses: "Ted Ray, eaged neynty-fower, shot bi a jellous husband."

Ah cud ga on aw neet (Jonty gaas on) - bit wat's th' gud - ye wad only laff! Sea Ah'll knock off noo wid a laal teall fra Sandy Powell (thoo'll meynd his owerwurd "Can you hear me, mudder?")

Noo Sandy wes yan o' t' owd-teyme comics; Ah waddn't leyke ta say hoo offen I heeard him tell this teall; it must've lastit him hawf his leyfeteyme. An' this is it . .

A yung chap gaas till his fadder an' he ses: "Dad, Ah've gitten sum wunderful news fer thi: Ah've just wun sebbhenty-feyve thoosan' pun i' t' futbaw pools." "Is that reet, son?" axes fadder, "That's varra neyce fer thee." "Yis," ses t' son, "It's wat th' ca' t' Jackpot - sebbenty feyve thoosan' . . . " an' he gaas ratchin iv his pockit - "Here's a pun fer thee, Dad, ta spen' as thoo thinks fit."

"Thanks varra much, son," ses fadder. "Tell me noo, hoo's ta gaan ta spen t' rist o' thi fortin?"

"Weel," ses t' lad, "Ah hevvn't hed ower much teyme ta think aboot it. Cud be a new hoose ... a bigger car ... Mappen a warrld croose. Noo tell mi, dad, hoo's ta gaan ta spen' th' pun at Ah gev thee?"

"Ah divvent reetly knaw," ses fadder. "Ah med even git aroon' ta marryin' yer mudder."

"Ee, dad, dad," ses t' son, shakken till his varra foondayshins, "Thoo knoas wat that meks me?"

"Aye," ses fadder, lickin his chops - "An' a FLEAMIN MEAN 'UN ANAW !!"

*** *** ***

EDUCATION

"Ah divvn't knaw wat things is cummen til," ses Matt bangin' his tankard doon on t' coonter.

Jonty sed nowt. Matt nivver did knaw wat things wes cummen till; `t was yen ov his favouryte oppenin's, an' Jonty kent feyne weel `at ther wad bi neah stoppin him yance he gat i' full flow

"Mi nevvy, yung Arnold," ses Matt, "He's just finish't scheul, wid Ah divvn't knaw hoo many GCSE's anonder his belt. Seah Ah ax't him las' neet, just ta gie him a bit ov a test, ta wurk oot fower articles at thirty-neyne pee apiece - An' wat dis t'a think?"

"S'pwose thoo tells mi," ses Jonty.

"He gits a bit o' peaper," ses Matt. "Thoo 'll nut b'leeve this; he wreytes doon 39 fower times an' adds it up. Gor bon, Ah hev it deun i' mi heead lang afoor he gits hod ov a pencil . Wativver div the' larn `em i' scheul these days? Nut ta multiply, awivver!"

"It's aw computers noo," ses Jonty. "Is he leukin' fer a job?"

"Na." ses Matt. "He's gaan on till t' Teck i' Carel, leukin' fer sum A-levels , er wativver the' ca' 'em noo. He's tekkin' three cworses (Ah meade a nwote ov 'em, aw new ta mi). Wat gud the'll deuh him, thy guess is as gud as meyne - a cupple ov ologies an' summat else Ah knaw nowt aboot."

"Can t'a meynd on wat the' war?" axes Jonty.

"Aye," ses Matt, clearin' his thrwoat. "Psychology, socialology an' summit co'd PE. Ah knaw wat socialology is, cos Ah leuk't it up i' t' dictionary, bit blaw me if Ah cud fin' Psychology."

"Wheer did t'a leuk fer 't?" ses Jonty.

"Anonder HESS o' coorse," ses Matt

"Thoo daft ha-porth, ses Jonty, laffin' his heead off; It starts wid a P - hes t'a nivver heeard ov a silent P? Ah con tell thi wat it means anaw; it's ta deuh wid hoo the yeuman- meynd wurks. Wat wes t' udder 'un?

"Socialology," ses Matt. "Ah knaw wat that is; it's th' study ov wat fwoak gits up till - wat meks them tick. Bit wat th' heck's PE?"

"Fizzical eddication," ses Jonty; wad t'a fancy leukin' that up anunder F? Dis t'a think Arnold fancies his chances gitten onta United's beuks?"

"Ah waddn't think it," replies Matt. "A cupple ov ologies an' fizzical eddication, eh? Nowt o' that wad seem taa hing tagidder, wad t'a say?"

"Oh noo, Ah divvvn't knaw seah much aboot that," ses Jonty rayder slow-leyke. "Leuk at it this way - Psychology is WHY thoo dis it; Sociology is HOO thoo dis it — an' PE , gits yan awa' ta a fleein' start EFTER thoo's deun it!"

*** *** ***

AN AWAY FIXTURE

'Wheer dud t'a say thoo wes gaan o' Setterda'?' axt Matt Wulson.

'Hawes,' anser't Jonty Milligan. 'Th' Lakeland Dialect Society is oot i' full cry fer furrin parts, led bi Jwohn Peel his-sel.' It'll bi nowt less ner a invasion.' Ah bet aw t' Hawes fwoak'll think 'at Manchester United's cum ta toon.' Aw t' shops 'll be barr't up, nea pubs oppen fer meyles aroon', an' pollis drafted in fra' aw arts an' parts.'

'Thoo's gitten a vivid imagination,' ses Matt. 'If Ah knaw owt o' that L.D.S. lot, it 'ud tek meast o' them aw ther teyme ta brek intill a gallop.'

'Thoo could be reet, at that,' admitted Jonty. 'Trewth is . . . the' wannt mi ta gie 'em a la-al lectur .'

'Thoo dissn't say!' ses Matt. - 'Faame at last!'

'Noo thoo could help ma a la-al bit,' ses Jonty. 'Mek a few suggestions.'

'Ah divvn't feel varra suggestive,' ses Matt.

'Ah thowt Ah could start wid a bit ov history,' ses Jonty, 'Sec as King Edward on Bruff Marsh.'

'Tellin' t' teyde ta gaa back,' ses Matt.

'Nay, nay, that wes twea udder fellas,' ses Jonty. 'This wes Edward - Ah divvn't knaw wat Edward it wes - could ha' bin Edward th' Confectioner. He gat his-sel' on till Bruff Marsh an' than he tuk off an' deid. Th' ca'd him `Hammer ov th' Scots.'

'He dudn't deuh aw that much hammerin',' ses Matt, 'Gor bun Don Revie wes nea greet shak's, bit he dud git his-sel' inta Scotland.'

'Efter that, Ah thowt Ah'd tell 'em aboot yan er twea 'pleass-neams' - thoo knoas, them 'uns wheer t' spellin' flummoxes offcomers,' ses Jonty. 'Sec as BRUFF - B-U-R-G-H - BRUFF. An' t' spot nex' dooer ta Bruff; if thoo ca'd it BOWmont neaboddy wad knaw whaur thoo wantit ta be at.'

'BEEmont,' ses Matt. 'Ah see wat thoo's gittin' at. An' ther's a lock mair - thoo ga-as doon Cockerm'uth rwoad a bit, an' thoo sees a spot ont' signposst caw't 'Blennerhasset' - bit aw t' fwoak roon' theer caw it BLINN - RAASET.'

'Bothel - BWOOAL,' ses Jonty, gittin' fair warrm't up till his subjick. 'An' sista, thoo minds ASPATRIA ano'. Ah've heerd that spot ca'ad aw mak - AsPATTria, AspattEEria, an' secleyke - bit ther's nobbut ya waay, thoo knoas.'

'An' ther's summat 'at flummoxes ma aboot yon spot,' ses Matt. 'Whenivver sumboddy ses 'SPEATRI,' sumboddy else cocks on a cupple o' wurds. Dust 'a knaw why ?'

'Weel noo, that gaas back ta t' daays o' t' Marypwort an' Carel Railway - thoo knoas, t' owd 'Mary Ann', ses Jonty. 'O' Setterda' neets a lock o' Speatri fwoak gat carried on till t' nex' station, reg'lar as clockwark, cos meast o' them hed gitten a skin-ful an' dudn't knaw whoar they war at. Usu'l station annoonce-ments dudn't git throo till them. Sea t' station measter, guard an' pwoarters aw gat tel't fra heed office, ta shoot oot in a clear voice: 'Alight here for As-paat-ria' - bit that dudn't wark nowther. Sea at t' finish yan o' t' pwoarters dud a bit o' translation, off his own bat; he stood his-sel' in' middle o' t' platfworm an' goller'd 'SPEA-TRI-LOWP-OOT!!' An' he meade sec a flaysum soond 'at ivverboddy lowped oot, wedder the' wanntit ta bi at Speatri ur not.'

Cush min, is that reet?' ses Matt, fair awestrucken. 'We've gitten sum gay queer spots, awiver.' Bit Ah dassay t' daddy o' them aw - t' yan 'at caps aw t' rist, is - '

'Divvn't tell ma;' ses Jonty. 'T-O-R, tor; P-E-N, pen; H-O-W, how: Tor-pen-how, pernounc't TRAPENNA.' They beath sat fer a la-al bit, lost in admiration, afooer Matt spok up agean.

'Hes t'a thowt hoo thoo's ga-an ta finish thi toak ?' he akst. 'Thoo knoas, thoo willn't hev ta ga on aw neet.'

'Ah thowt Ah'd tell a la-al teale; finish on a laff' ses Jonty. `Mebbe that 'un aboot t' faarm lass ga-an ta hev a bath an' she couldn't finnd nea seapp. Sea she ga-as intill t' kitchen wid a towel lapped aroon' hur, an' ses: 'Has t'a gitten ony LIFEBUOY?' An quick as owt, t' farmer son anser't: Git up them stairs!'

'Nay, nay,' ses Matt, shock't. 'Keep t' party clean. 'Thoo connot tell a teal leyke that 'un i' cump'ny.'

Mappen thoo's reet,' ses Jonty. `Ah willn't, than.'

***   ***   ***

The preceding tale makes reference to a memorable Joint Meeting, with the Yorkshire Dialect Society, held at Hawes on the 5th of June 1976

CUPTIES AND CALAMITIES

"Is t'a ga-en ta see United play?" axes Jonty.

"Nay, Ah divvn't think Ah'll bodder," ses Matt. "Thoo knoas, they nivver com ta see me when Ah wes bad."

"Noo divvn't be leyke that," ses Jonty. "Thoo should suppwort thi lwocal team. It's varra educash'nal ta see hoo fitba' hes changed sin' thoo wes a lad."

"Ah connot mek owt o' this "fower-three-three' rubbish," ses Matt testily. "Them numbers the' hev on ther' backs means nowt at aw. Yan o' these days sum mannisher 'll hev a brilliant new idee, an' sen' his team oot ta play a 'twea-three-five' formation - than ye'll git sum gwoals."

"Mebbe thoo's gitten summat," admitted Jonty. "Ah'll pass thi message on till t' Bwoard o' Directors."

"Last teyme Ah went," recollected Matt, "Wes thon cuptie a cupple o' eears sin.' Gor bun, Ah varneer pullt a muscle watchin' em.' An, ta cap aw, Ah just aboot gat killt in t' crush."

"Ther' wassn't that many theer," objected Jonty. "It dudn't tek aw that lang ta git in."

"Git in be jigger 't," ses Matt. "It wes gitten oot, ten minutes afoor t' final whussle. 'Twas wuss ner a Cummerlan' Neet."

"Sum fwoak is nivver satisfied," ses Jonty. "Thoo miss't a corker at t' Matlock cuptie . . . best bit wes when United should hev hed a penalty, an' t' referee sed nut. Thoo should hev heeard t' neames he gat co'd - t' crood thowt he'd been bworn owther oot o' wedlock or oot o' Matlock."

"It taks aw maks," ses Matt sagely.

"Weel, mak up thi meynd - wat aboot this efterneun ?" ses Jonty. "Is t'a cummin, er nut ? Thoo can hev a lift on t' back o' mi mwotor beyke."

"It's a bit ower cowd fer them larks," mused Matt. "Bit Ah've a gud meynd ta ga wid thi - owt fer a laugh."

Sea Matt nips back heam fer his topcwoat, an' Jonty warrm't up t' beyke, ruddy fer "off."

"Ah'll tell thi wat," ses Jonty, when Matt landit back. "Thoo'd best put thi cwat on back ta frunt; it'll keep t' wind fra whusslin' throo t' buttonwholes. Hod on, Ah'll gie thi a han' wid it."

They gat t' cwat fettled, button't up t' back, an' off the' went. Fra' Banton, straight throo Thrussenfiel,' wid Matt grummelin' aw t' teyme aboot bumps in t' rwoad an t' wind 'at wes mekkin' his eyes watter. Hooiver, afooer the' gat till Morrus, he' shut up awtagidder.

"Hev Ah gaen deef?" thinks Jonty till his sel."'

"Are ye aw reet, Matt?" he shoots, hauf turnin' his heed. Ther' wes nivver a soond, cos Matt wessn't theer.'

"Loavin' days," ses Jonty, "T' owd feul's fo-en off." - an' he dis a quick U-turrn an' gaas back fast as t' beyke can pelt. He heddn't far ta ga - at t' cworner just ootseyde Morrus he sees a cupple o' cars pullt up, an' Matt layin' still on t' roadseyde wid hawf a dizzen fwoak stannen' aroon.' Jonty props beyke up an' gallops ower. "Is he aw reet?" he gasps oot ta t' nearest fella.

"Weel," ses this chap, rayther slow, "He *wes* - till we gat his heed roon' t' reet way! ! !

*** *** ***

JONTY THE FOOTBALL CRITIC

"Thoo's leukin' fair maiselt," ses Matt Wulson. "What's up wid thee, than? Hest'a lost a bob an' fun' a tanner?"

"Ah wes just thinken," ses Jonty Milligan, " Ah ran intill Jwohn Ennery Parker a cuppla daays sin - thoo knoas they're trying ta git t' villige fitbaa teeam on t' gaa agern, an' Ah wundert wat Ah cud deuh to gie thum a bit ov a han'. 'T leuks leyke they'r aw reet fer brass; ther's a bit in't bank, left ower fra t' last lot, an' Jwohn Ennery telt me he'd wurk't oot a laal bit sponsership deeal wid his boss, Owd Smithy, sea Ah ses mappen Ah cud help oot on t' cwoachin seyde. Bit nay - he ses aw that's biz takken care ov bi t' scheulmaester, Lanky Lomax, an he's nut sec a feller ye c'n argify wid! Meynd thoo, Jwohn Ennery sed nowt reet oot - but Ah gat t' idee 'at sum o' t' com-mit-tee hed wantit ta ex ME ter tak it on, but sum udders thowt 'at Ah wadden't be up till it - t' geame hes changed that much sin my teyme,"

"It hes that," agrees Matt, it's aw difenders an midfeel an' frunt runners noo."

"An' t' Cwoachin's aw gean ta pot," ses Jonty, Ah've wattchd aw manner o' league teeams ower t' eears an' it aw cums oot ov a Setterda' efterneun.

"Hoo dista meean? Wat cums oot?" ex's Matt

"Whey, wat th' git up till aw week on t' trainin' run," ses Jonty, "Frinstans, the'll deuh twea seshins ov a mworn; t' furst un 'll be fallen doon flat in t' penalty area. It's gat ta leuk nattural, meynd, cos if the' mek a lot on 't, th' ref 'll just say 'DIVE' an wave 'play on.'

"Fair eneaf," ses Matt, "What's t' sekind seashin, than?"

"Appealin' till t' referee,"ses Jonty ... Matt thowt it best ta let that 'n gaa, sea Jonty carries on. "Nex' day," ses he, "The'll spen a lot o' teyme on yan o' t' meast important aspecs o' the modren geame, JURSEY TUGGIN'. Thoo sees, the greet art i' this is ta deuh it on t' ref's blin' seyde widoot lettin' t' leynesman cop thi at it. Than, leater on, thoo knoes that stritcher thing the' brings on, sea that an injur't chap can git fettl't widoot hodden t' geame up? Noo, ther's an art i' ROWLIN' on till 't - wativver thoo dis, thoo musn't lowp on - that wad gie t' geame awa' if aw thoo wannts is a laal bit brek ta git thi wind back, an' a moothfu' oot o' t' trainer's bottle.

"War else is ther'? . . . Oh, aye, th' throww-in. There's a bit spechalist trainin' fer this - thoo sees, it's nea gud at aw if t' player diss'nt cop aboot six yards, owther bi gaan direc'; as far up t' touchleyne as he dar, er hitchin' alang afoor he lets t' bo lowse. An than, when t' geame's ower an' duen wid, he mun shek han's wid ivvery yan i' seet - an' that teks sum deaan; there's his natt'ral enemy, t' ref, ta start wid, nut ta menshun th' bloke 'at's bin tryin' ta kick lumps oot ov him fer t' las' neinty minnuts.

"An' than, afoor he c'n git awa', ther's aw maks ov hotograffs an' secleyke ta bi signed. Yer modren-daay player 'll hev bin thrang aw week, wurkin' awa' at a signateur 'at's nowt bit a row ov squiggles. An' it's written intill his contrac', 'at if he gits co'd on ta say a few words on a TV er radio carry-on, he dis this i' sec a brogue 'at neaboddy c'n mek head ner teail on't. . . An' anudder thing - it disn't seem ta matter hoo manny practis-geams the' hev in t' week; cum Setterda' efterneun thoo'll fin' sum on 'em still spittin' agean th' wind."

"Is that th' lot than?" ses Matt, as Jonty at last seem't ta hev shot his bowlt.

"Aye, that's it," agrees Jonty. "Nay - Gor bon; ther's a bit mair Ah wes varnar fergitten. Noo, wat wad thoo say was t' hardes' thing fer a player ta deuh?"

"Let's see," Matt guessed, "Wad it be scwoorin?" "Nut a bit on 't," ses Jonty, "Scworin' gwoals is a peece o' ceake; Aw thoo hes ta deuh is ta scraffle thisel' inta t' REET' SPOT; than thoo swings thi' leg er nods thi' heead at t' REET TEYME; an' leuksta. - t' bo's seafe an' soond aback o' t' net. It's wat cums efter that 'at con mek er brek a chap.

"Wativver ista gitten at?" axes Matt, fair flummoxt.

"Efter he scwores," ses Jonty, "Th' pattren's allus t' seame. He turrns hissel' aroon', runs hawf th' lenth o' t' pitch full tilt, than he chucks hissel' flat on t'grun'. Bit whel he's still i' midair, he's smuther't bi hawf a duzzen ov his marras; an' the' aw land iv a heap wid t' gwoalscworer at t' bottom. Alang cu's t' ref an' sworts 'em oot, an' gits t' geame startit up agean."

"Aye Ah'v seed that manny a teyme," ses Matt.

"Bit Ah'll lay odds thoos nivver seed a injury," ses Jonty, proddin' Matt i' t' chist. "An' that proves mi point the' must put oors an' oors ov traanin' in ivvry week just ta git that bit reet. "

"Thoo dissn't sem ta think ower much aboot t' standart ov cwoachin' today," ses Matt. "Wad that bi cos o' th' players, er t' mannishment er wot?"

"Nay, t' players is meastly okay, ther's just, that daft eliment ye reead aboot 'at deuh them daft things an' git t' whol lok ov 'em a bad neame - th' swort, ov things 'at gives reyse ta wot yon commedean chap sed aboot t' jurseys. As teyme gaas by (he ses) th' sponser's neame on t' frunt gits bigger an' bigger; t' seame wid t' numbers an' t' player's neame on t' back. Varra seun (he ses) th' ownly empty speace left 'll bi that bit atween t'player's lugs."

That seem'd ta say it aw, an' Matt went on his waay, feelin' that mappen he'd larnt eneuf aboot fitba' ta put NICK BARNES oot ov a job.

*** *** ***

The Forsyth crest, as used by Harold; the motto may be translated as ' restorer of the ruins'

*** *** ***

LEYNES AFOOR MEAT.

A few years ago, in our annual Journal, we reprinted the words of Robert Anderson’s Grace, the traditional Grace which is used at Merry Neets and such like. Shortly after, our President, Harold Forsyth wrote as follows :-

‘I was pleased to see Robert Anderson’s Cumberland Grace reprinted in the JOURNAI. I have used this extensively over the years, and have always regretted that he didn’t write it in dialect.. If he had done so, it might have come out rather differently - perhaps like this:

As seun as t’ teable’s pack’t wid grub
Reach till, an’ doan’t bi flayt.
Bit meynd on - it’s yon Hev’nly Pow’r
‘At allus fulls thi plate!
Let praises rise fra’ cwoast ta cwoast,
Ta Fadder, Son, an’ Hwoly Gwoast.

*** *** ***

II
Poems

From a pencil drawing by Harold of his two sons, 'looking for the Armada!'

DRAKE GAAS SOU' WEST
(Or The Battle of Silloth Pier)

Hest heeard aboot Drake? Aye, Sir Francis,
A Cumbrian gallant an' trew;
He'd nut dream o' spendin' a penny
If he thowt 'at a hawp'ny wad dueh.
On his days off fra' feightin' th' Spaniards
(Them beean, at that teyme, England's foes),
He'd gaa doon ta 'Pwort' fer the boolin' -
Ivvry Tuesda' an' Freyda', thoo knoas.

Ya Tuesda', as t' geame war i' progress,
Wid ivvry lad happy an' gay,
A lad neam't Joe Posselt'waite dash't up
An' shootit, excitit, 'Stop play!
Th' Spanish Armayda's i' t' Solwa'!'
'AR-MAH-DA, ya mean,' replied Drake.
'Is that hoo ye say it?' ses Jwoseph,
'Ah's sworry - AR-MEAD-A misteak.'

The' wor playin' 'Loser Pays' - Drake wes lossin'
Altho' he'd bin pullin' up feyne.
If the'd finish't at this 'ere juncture
He'd hev' hed ta stump up two-an'-neyne.
Sea he ses: 'Cum noo, ther's nea hurry,
Owd Philip o' Spean's nut sea hot -
Let's finish th' game, than we'll beat him:
Cum on noo lads - Ah's liggen shot!'

Weel, as Drake won t' geame o' bools han'sum,
He heddn't a penny ta pay,
Than he hastily summon't a chara
'At chanc't ta be passin' that way.
Th' driver wes gaan doon ta Silloth,
An' speedin' at fifty-feyve - noa less:
Drake whope't 'at the'd dodge t' lwocal bobby
As the' sped leyke a arrow throo Bowness.

At last the' reach't Silloth-on-Solwa';
An' as he gat up frev his seat
Drake expectit ta fin' th' 'Queen Mary'-
Wat a drop when he saw t' fishin' fleet!
The' push't aw th' bwoats off th' mudbanks,
An' bid hasty fareweel ta th' land;
Than Drake fun' he'd browt his bools wid him
In a laal bit string bag in his hand.

Wat a laff rang oot ower th' watter
Frev each Spanish sailor on bwoard,
Fer aw ov Drake's vessels hed nobbut
A motor-car injin bi 'Fword'.
Noo Drake wes just edgin' aroon' 'em,
Intendin' ta streyke i' th' rear,
When t' Spaniards sent ower a volley
'At buckle't th' end ov th' pier.

They fowt fer an hoor an' three-quarters
As bravely as Cumbrians should;
Sum Spanish ships gat oot o' t' channel
An' fun' thersel's stuck i' th' mud.
Twes then just a matter o' moments,
As Drake teuk a squint at th' foe
He shoots: 'Ah kin see ther' owd Admiral -
Pass me sum mair cannonballs, Joe!'

Ses Joe: 'We've nea mair ammunition!'
Peer lad, he wes sweatin' leyke fun:
Drake yells, as he gits inspiration:
'Ah still hev mi' bools - Englan' won!'
Than he fittit a bool in his cannon,
Twes a beautiful wood, much admir'd,
He teuk aim at t' owd Spanish Admiral,
An' - allowin' fer bias - he fired.

Gor bun, bit that shot wes a beauty!.
Th' Admiral felt that upset
Drake's bool teuk him that far frev t' Solwa'
They say 'at he's woakin' back yet!
The capter'd his ship - twes a good 'un,
Tho' sum sed 't 's a bit ower narra.
The' gat it inseyde Silloth harbour,
An' then the' reneam'd it `Th' Yarra'.

Owd Drake's noo retir't on a pension,
Bit thoo'll fin' him at 'Pwort' if thoo gaas,
A-tellin' th' teal o' t' Armada
Ivvry Tuesda' an' Freyda', thoo knoas.

Explanation Apology*: This is a relic of my entertaining days. It is obviously inspired by the Lancashire monologues made famous by Stanley Holloway. For the benefit of offcomers and others removed from the centre of civilisation, perhaps it should be explained that 'Pwort' is, of course, Port Carlisle, famous for its bowling green. The 'Yarrow' was very popular in the early part of the Century; it sailed regularly between Silloth and The Isle of Man. The rest is self-explanatory, though the idea of anyone at any time speeding like an arrow through Bowness is scarcely credible. Otherwise the story is absolutely true.*

H.F.

*** *** ***

ESKDALE

Sum fwoak crack on t' Derwent, an' Kessick i' Spring,
An' sum think at Ullswatter t' burds allus sing;
Bit Ah'll tak' th' country o' bowlder an' scree —
Aye, Eshd'le i' Springteyme, that's whaur Ah wad be.

Ther's pools crystal clear when it's drufty an' hot;
Ther's dust on th' track windin' ower Hardknott,
Ye ma' seek Swony Tarn for a week an' a day -
It's Summer in Eshd'le ; Ah's up an' away.

Ye'll wannder for meyles fra' yer heame an' yer hearth;
Ye'll fin' nowt sea bonny as t' fa's o' Dealegarth,
An' t' fellseydes by Burker, aw purple an' broon -
It's Autumn in Eshd'le ; Ah's cummin' reight doon.

Ta Scafell by Cam Spoot i' winter's gey rough;
I' Mickledoore's shadda it's savage aneugh,
Bit beneeath Harter Fell ther's a welcum sincere;
That's Eshd'le an' heame - anny teyme o' th' 'eear !

*** *** ***

FAMILY CREST

Diana Gertrude Smithson Vane
Will never look the same again
Since that night when, not long ago,
Her folks went to a picture-show.
Thinking she might immerse herself,
She took a tin bath from the shelf;
And, flinging off her scant attire,
She bathed before the kitchen fire.

Then rose refreshed, brim-full of pep,
And took a most incautious step.
Her future might have held some hope
Had she not trodden on the soap.
She almost disappeared from sight :-
A short but most exciting flight.
Then, utt'ring cries both rich and strange,
Alighted on the kitchen range.

It was extremely hot and strong;
She didn't linger very long,
But ran upstairs to face the fact
Of just how much remained intact.
Her wardrobe mirror caused a frown,
For, on the part where she'd sat down,
In fiery lett'ring there she saw
One magic word:-
"EXCELSIOR".

The parents, coming from the show,
Heard poor Diana's tale of woe;
The tears streamed down her mother's face;
She moaned: "Imagine the disgrace!
Enough to drive us all to drink:
Whatever will the neighbours think?
This kind of thing looks most absurd;
I mean, it's such an <u>awkward</u> word!"

Her father said: "Come, come, my dear,
All this won't help - don't act so queer . . .
I'VE GOT IT:. - Wouldn't it be best
To use it in the family crest:"
And that's how Mr. Smithson-Vane
Rescued that honoured family name.
He took his pencil and designed ,
A crest both tasteful and refined.

It now adorns the moated grange:
The bath; the soap; the kitchen range; . .
The fourth square's blank, excepting for
That magic word: EXCELSIOR".

*** *** ***

WEDDING PRESENT

Dear Fargy: Wat, thoo's gitten weddit!
  Ta laal Cupid's arra' thoo's fell !
Sec things cum ta pass, bit thoo's gat a gran' lass -
  Ah cudn't deuh better misel!

Thoo varaneer puts **me** in 't nwoshun
  Ta tak' t' plunge - a lock o' fwoak dis;
Bit takken a weyfe - wat, it's mappen fer leyfe'
  Nay - Ah'll tak' nea hurt as Ah is'

Ah whopes 'at ye beath'll be happy
  (If happy, tho' wed, ye can be);
Ah cannot say mair, bit, honest an' square,
  Juist tak' this laal prisent fra' me.

Ye beath ken th' wish 'at gaas wid it;
  'Tis oald as Oald Skidda', nea dooubt:-
"May t' reeaf o' yer laal bit hoose nivver fa' in
  An' t' fwoak below nivver fa' oot.'

*** *** ***

ROADWAYS

(A report on the state of traffic in Carlisle, January 1981)
(Wi a laal bit help help fra G.K. Chesterton)

Ah've just been oot, explorin' leyke, in Carel's traffic maze;
Ah cuddn't tell thi whoar Ah went, it seem't ta tak' me days.
Se many signs an' holdups, min, it druv ma roon' the bend,
Bit, tho' Ah travell'd meyles an' meyles, Ah gat throo in the end.
Then Ah'd a celebration, an' a pint or two Ah sank
The day Ah went ta Botcherby bi way ov Stanwix Bank.

They's gaan ta dig up Croon Street seun, Ah doan't know whea's ta bleam;
Ta clwose the wholl caboodle, min, it seems a awful sheam:
Fer if thoo's in the Bog Rwoad the divarshun taks ye roon'
Ta whoar ye divvn't want ta be - the middle o' the toon!
Ah'll need mi maps an' compass, AA beuk an' Heighwa' Cwode
The day Ah gah bi Spencer Street ta git ta London Rwoad.

Ah hed a funny dream las' neet - Ah'll tell thee wat it war
Ah dream't 'at Ah was deid, an' gaan ta Heaven in mi car.
At last Ah fun' misel, worrn oot, aseyde the Pearly Geate.
Saint Peter cam' an' oppen'd up, an' ses ta me: "Thoo's leate!"
"Ah knaw," Ah ses, "Ah's sworry, bit Ah gat delay'd." Ses Pete:
"Nex' teyme thoo cuz ta Heav'n, mi lad, doan't start fra Lowther Street!"

(Reproduced by kind permission of Cumberland News.)

*** *** ***

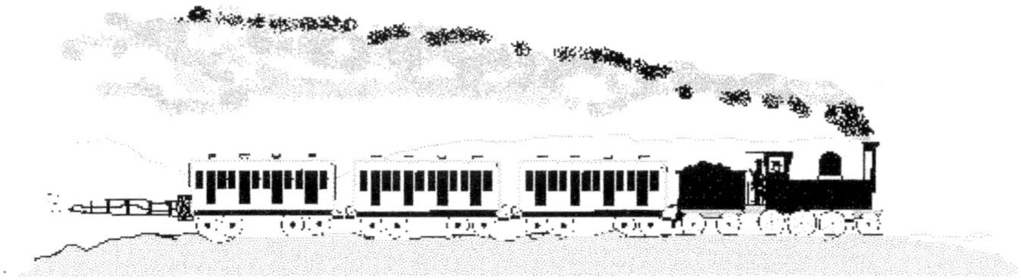

T' OWD MARY ANN

Thoo's mappen heard tell of a railwa'
'At fra Carel ta Marypwort ran
Ta meast lwocal fwoak it wes mair ov a jwoke
An' twas allus co'd 'T' Owd Mary Ann.'
Oor comics an' sec-leyke aw leuv'd it
They meade cracks non-stop neet an' day
Sec as 'leavin t' train while i' mwotion
An' pickin wild flooers on th' way

They reckon' it hed quite a hist'ry
In t' Bible 'twas most clearly steated
In t' bit 'at com just before Adam an Eve
When aw' creepin things' was created.
Noo, roon' aboot sebenty 'eear sin',
When t' day hed but hardly begun
Owt Jonty an' Martha Jane gits thersels on it,
Tagidder wid Jwosep, ther son.

They war stuck theer fer twenty-five minnits
Ses fadder, 'This 'ere is nea jwoke',
But t' guard cu's alang, an tells 'em wat's wrang,
Th' mainspring on th' injin hed brok.
At last th' pull't oot o' th' stashin
An Joe, 'at could nivver keep mum
He sticks his heead oot o' th' winda
An' shoots, 'Marypwort, here we come!'

That's dangerous practice,' ses fadder,
'Ther's a lock o' low bridges aboot
Thoo med bang thi' heead - suck thi' humbug asteead;
'Sea young Joe sits still an' ses nowt.
Bit afoor the'd geane varra much furder ,
Young Joe gat the urge ower strang,
An' oot o' th' winda his heead gaas agean
An' that's just when summat went wrang.

A crash - an' a yell - growwin' fenter
Gaas echoin' way doon th' leyne;
An' Pa ses, amaazed, as on t' remnants he gaazed,
'By Gox, lad, thoo's deun it this teyme!'
He wessn't far wrang, fer t' laal fella
Leuk't like Anne Boleyn, only more so;
Fer t' peer laal chap, on account o' t' mishap
Wes left wid nea heead till his torso.

He sat theer quite still in his cworner
Pa could tell he wes sorry, neah doubt
Than alang co's th' guard, top speed, breathin haard,
An' ses, Now what's all this lot aboot?'
Ma ses, 'This 'll cost t' cump'ny summat,
Aye, a few thoosaan' pun' Ah darsay,
That theer's aw 'at's left ov oor Jwoseph
T' top bit's on t' permanent way!'

Ses t' guard, 'That's a bit of a nuisance;
I must take your statement, that's clear,
Now, just how did the accident happen?'
Ses Pa, 'It wes just leyke this 'ere . . . . .
Wid that, Pa shuvs HIS heead oot o' t' winda
- A crash, just th' seame as afore
An' Pa's voice wes heeard - growwin' fenter
'That's orkart - MY heeard's off anaw!!'

*** *** ***

GREETING

If ivver twea farmers i' Carel should meet
Ye'll hear wat they say t' udder seyde o' th' street;
Ower t' rwoar o' th' buses cu's t' voice o' gud cheer,
An' these is the wurds 'at for sartin ye'll hear :
    "Hoo's t'a gaan on, lad; hoo's t'a gaan on !
    Thoo's leukin' gey badly - bit hoo's t'a gaan on?

If ye's seekin' your fortin' i' sum forrin lan'
It's then 'at ye'll vally the clasp o' a han',
An' lads th' warld ower knaw t' comfort an' bliss
Ta hear t' owd lingo spok' sammat leyke this:
    "Hoo's t'a gaan on, lad; hoo's t'a gaan on !
    Is t'owd Toon Ha' stannin' yit - hoo's t'a gaan on ?"

For three 'eear young Joe cworted 'Lizabeth Jane;
He wanntit sum pushin', it leuk't varra plean.
Hur fadder, he thowt Joe wad nivver mek' t' match,
Sea he whispers ya neight, ta bring t' lad up till t' scratch
    "Hoo's t'a gaan on, lad; hoo's t'a gaan on !
    Ther's mappen nea hurry - bit hoo's t'a gaan on?"

Bit Ah's fear't, when mi short span on earth has geane by,
'At Ah'll finn' misel' lost an' adrift i' th' sky.
If Ah reach Gwo'den Yetts an' Ah tries ta git in
Ah'll bet owd St. Pether'll say wid a grin :
    "Hoo's t'a gaan on, lad; hoo's t'a gaan on !
    Thoo's t' furst up fra' Carel - sea hoo's t'a gaan on ?"

*** *** ***

RUM BUTTER

Ther's a Cummerlan' dish 'at is use't as a spreead
  An' t's nut bad ta mek' - it's nea bodder fer sum.
Broon suggar an' best o' faarm butter ye'll need,
  An' than ye mun add a greeat dollop o' rum.

Ye ma' spice it wid nutmeg er summat akin -
  Sum deuh an' sum divvin't - its juist as ye wish :
Hooivver that ma' be, Ah darsay ye'll fin'
  It gaas rou'n juist yance, an' they'll leeave nobbut t' dish

'Bit Ah heeard o' sum fwoak fra' a Lancasher' toon
  'At gitten sum sent - ta ther' heam 'twas addris't;
They scrattit ther' heeads as they aw gedder' roon',
  An' sed, t' yan till t' udder: **"Noo wat the heck is't?"**

They cam' ta't conclusi'n t' was sum keynd o' sweet:
  (Sec iggerant nwoshuns! sum fwoak willn't budge).
Th' meast they cud mek oot, 't was summat ta eat -
  Sea they teauk a speun till it an' ate it leyke fudge'

Nex' teyme we'v a kers'nin we'll wreyte 'em a letter
  'Boot ten daays afoor, 'at we whope they can reead;
We'll ax 'em ta cum; than they'll fin' oot it's better
  Ta eat the'r Rum Butter on bits o' broon breead.

***   ***   ***

PLUSH FOWERS

Oor Gwordie gev' us nowt yan day-twas manny a 'eear agone
Aw deck't up leyke a Kers'mus tree, an' wat d'ye think he'd on ?
A soort o' mustard-colour't suit wid baggy breeks forbye
A stripey sark, green stockin's, an' a rid an' yaller tie.

Ses Jos the plooman : "Gwordie lad, wat hest'a gitten theear?
Th' colour o' that suit's aneugh ta blinn' th' owd gray meear!
An' wat's them bags aroon' thi legs; whea let thee oot o' dooers?"
Ses Gwordie; "These is t' latest weear; they's wat they ca' `Plus-Fowers."

Oor missis ses : "Thoa leuks a cloon, an' nivver heed t'expense !"
Bit that's aw past an' deun wid; noo oor Gwordie hes mair sense.
He drisses up ta go ta toon aw teydy, whiet an' neat ;
Nut leyke a fleamin' sunset sant'rin' doon th' village street.

Yan neight oor missis ses: "Them burds is gittin' at th' cworn;
Thoo'll hev' ta mek' a flaycrow, an' thoo'd best start i' the' mworn."
'Twas nea use argy-bargyin' ; Ah promish't Ah'd begin,
An' as't hur, hed she anny claes ta driss a flaycrow in ?

Ses she : " Leuk i' th' loft, lad, aw' thoo'll finn: sumwheears aboot
That mustard suit oor Gwordie hed; Ah nivver put it oot."
"Thoo means ta say yon plush-fower things?" Ah ses till hur "Oh, shaff!"
Ah wannt ta flay th' crows, thoo sees, nut juist ta mek 'em laugh !"

*** *** ***

III
Jonty and family

'AND TH' SEAME TA THEE'

It wes Kersmus Eve roon' aboot teateyme, when Martha MIlligan decidet she'd hed eneuf. She wes i' Carel, thrang wid th' last ov hur Kersmus shoppin' - she'd bin roon' t' Lanes an' English Street, then doon ta see if ther wes owt i' Botchigeate, an' noo she wes headin' fer t' bus back till Nether Banton. Nut fer t' furst teyme she thowt hur man, Jonty, med hev offert ta run hur back an' forret, bit he'd mannisht ta fin' a job he sed cuddn't bi put off.

She'd just roodit t' Crescent an' crosst till Lowther Street, fair bowed doon wid aw hur tackle. Just ootseyde Lowther Street Kurk she runs slapbang intill anudder body leykewise laaden. "If 'tisn't Kitty Warrender! Loavin' days, Ah hevvn't seen thi i' eears - Ah wad nivver hev knawn thi bit fer thi hat. Hoo's ta gaan on?" ses she.

"Ah's fed up till t' teeth wid aw this Kersmus shoppin'" ses Kitty, "Ther's nea end till 't."

"Seame here - Wat Ah hevvn't gat we'll hev ta deuh widoot. Kersmus is nowt bit slog, slog, slog - an' wat thanks div we git for't?"

"Hoo's yer man? Dis he nut gie ye a han' wid shoppin'?"

"Nay - catch Jonty helpin' oot!" ses Martha. They say Kersmus is t' teyme fer kiddies, bit beleeve thoo me, it wes designed special fer Jonty. Cum t' mworn's mwurn Ah'll bi up ta mi neck in t' kitchin, whel he's deuin' his Lword ov th' Manor act aw roon' t' spot.

"Merry Kersmus, Happy Noo Eear - aw reet fer sum!"

"Dis t'a hev cump'ny?" ses Kitty

"Ah aye - aw t' fam'ly land up, nine er ten aw ta-gidder. At last t' meal's riddy - bit whoar's Jonty? Still in t' pub, Ah reckon, an 's often as nut we hev ta start widoot him. Seuner er leater he lands in, warse fer weear, an efter t' dinner's ower he passes seggars oot ta t' menfwoak, an' it's manny a lang day afoor Ah git th' stink o' them oot o' mi curtens. Meynd thoo, it's a diff'rent teale a Boxin' Day - nowt'll git him oot ov his arrumchair - slouch't theer watchin' his arteries hardenin', Aw thoo can git oot ov him is 'Nivver agean - nivver agean."

"It's just t' seame wid me," ses Kitty "Oor menfwoak treet us just leyke skivvies."

"An' t' cost ov ivvrything!" (Martha"s gitten hur secind wind bi noo!) "Cards ta bi sent, aw maks o' presints fer aw t' fam'ly, stamps, wrappin' peaper, grub - ther's nea end till 't. T' cost ov ivvythin' gaas up ivvry eear an' mair an mair fwoak queus up ta releeve us of oor brass. Wat's t' wurd Ah wannt? . . . . Ah've got it; ivveryboddy's lowpin' on t' band waggin.

"Thoo's reet theer," agrees Kitty

"Ah'll hev ta ga noo, else A'll miss mi bus" ses Martha. "It's bin neyce toakin' till ye, an' gitten aw' thi news. We must keep i' touch."

As Martha turn't ta ga, she spottit fer t' furst teyme t' kirk nowtis-bwoard wid t' teymes ov aw t' Kersmus sarvices on't, wid n waarm invitashun fer aw ta attend - an' hur mooth fell weyde oppen.

"Kitty, Kitty," she co's. "Thoo knaws wat we were sayin' aboot fwoak lowpin' on t' band waggin? Sista, wat dis thoo think aboot this? They're even tryin' ta bring religion inta Kersmus noo!"

***   ***   ***

A CUMMERLAN' TRYANNGLE

Ah've read a gay lock o' tealls i' mi mwornin' peaper (said Jonty). Tealls aboot aw maks o' fwoak an' what the' git thersels up till, ye waddn't credit sum o' t' stuff.

As often as nut, t' repworter puts in a laal bit at t' finish, sayin' 'at aw' neams hes bin cheang't, ta mak sartin 'at t' fwoaks'll nut git thersels toak't aboot; the'll "remain 'nonnimuss". Mappen Ah'd best deuh t' seame - sea thoo'll know when Ah tell thi: "Here's a laal stwory aboot Jwohn an' Mary Smith", it's just ta seave any bodderment fer Daavy Plunkitt an' Maggie, his missis`

Noo if Ah start off bi tellin' thi' that this Jwohn Smith wes daft aboot fitba', ye cud ca' that th' unnderstaatment ov aw teyme, He foller't

United, win er loss, heame an' awa', fillin' in t' neets atween matchis bi argifyin' in t' lwocal, nut fergittin' t' pedigree ov ivvry referee 'at iwer blowd a whussle. He even DREEM'T fitba' - an' manny's t' teyme Mary fun' hursel' kick't oota bed inta touch. Meynd thoo, she stuck it, beean left on hur own, far lannger'n meast fwoak wad ha' deun, bit at last it gat ower much fer hur, an' she lands up wid a "gentlemun frien'." It wad nivver hev deun ta co' him a "fancy-man" - ther' wes nowt fancy aboot owd Bill - bit wat wid ya thing an' anudder it gat ta bi a reglar carry-on - when John went oot o' t' frunt dooer ta t' match ov a Setterda', Mary traipst roon' till t' back an' let Bill in.

He wes nivver leate; he'd hev bin woakin' up an' doon t' back lonnin' fer a gay bit. Meynd thoo, the' war beath gitten on i' 'eears, an' meast o' teyme the' hed tagidder wes spent i' suppin cups o' tea. Weel noo, this went on week efter week an' nowt ivver went wrang, till ya day it powr't doon aw mwornin' an' weel intill t' efterneun. It wes that bad 'at roon' aboot quaarter pas' twea. Jwohn leuks oot an' ses , "It's ower clashy, Ah divvn't think Ah'll gan tadaay. Ah've gitten a bit ov a cowld ta start wid, Ah'll be better off inseyde."

Sec a thing hed nivver bin knawn afoor, an' Mary wes fair flummoxed. She thowt aboot peer owd Bill hingin' roon' t' back, gittin' a reet swoakin'; an' she ses: "Nay, thoo allus enjoys t' geame, thoo waddn't wannt ta miss it. Put a extra mac on, an' ye c'n hev t' looan o' mi brolly - thoo'll tek nea hurrt."

"Thoo'll bi reet as usual," ses Jwohn, an' he gits hissel' off, slammin' t' frunt dooer ahint him. Mary scuttles roon' ta t' back an' lets Bill in. "Wat a staate thoo's in, thoo greet gommeril," ses she, "Wet throo - ga an' git thisel' dofft an' hing thi tackel roon' t' kitchin stove, then cum thi waays intill t' sittin' reum, Ah'v gitten a gran' feyre gaan i' theer." Sea Bill strips hissel' doon till his vest an' pants, an' i' nea teyme at aw theer he is, gittin' hissel settl't doon on t' cooch i' frunt o' t' feyre - bit aw ov a suddin ther's t' soond ov a key i' t' frunt dooer. "Quick, it's him back!!" ses Mary throo hur teeth. "Gan on, heyde thissel'!!"

"Wheer - wheer?" ses Bill, spinnin` roon' leyke a top. "Git ahint t` tele," - an' Mary pushis him ower t' reum. T' tele wes yan o' thim big cabinet things wid beath t' dooers weyde oppen, sea Bill scraffels hissel' aback on't on his han's an' knees. In flooncis Jwohn, flingin' cwoats an' brolly ivvry which way. "Nay it's nea yuss t' grun's boon' ta bi floodid. Ah'll just hev ta mek deuh wid t' tele,"- an' he switchis on an' settles doon on't cooch. I' thim daays ther' wes allus a rugby leeague geame on ov a Setterda' efterneun, an varra seun he gits hissel reet intill 't, follerin ivvry moove. Mary daresn't settle hursel', she cuddn't bring hursel' ta sit doon - but peer owd Bill wes in a wurse staate - he wes shiv'rin' awa' ahint t' tele, it wes gay cowld theer, an' thoo'l meyn'd he'd nowt on bit his vest an' pants.

Teyme gaas by, an' nowt gits neah better. Thinks Bill till hissel': "If Ah stop here much lannger Ah'll land up wid bigges' lwoad o' pew-moaniar ivver knawn ta man ner beeast. If Ah cud nobbut git intill t' kitchin 'twad tek mi nea mair 'n tweathree minnits ta scraffel mi claes on an' oot o' t' back dooer." Sea he teks a glim roon t' bottom o' t' tele dooer an' sees Jwohn fair lapped up i' t' geame. Thinks Bill; "Reet, its noo or niwer!" an oot he crowls, varnar 's flat 's a panceake. He gits clear o' t' tele, backs up agin t' wo, an' off he traipsis on tippytooes as nar t' t' wo as he can git. He oppens t' dooer deed whiet, clwoasis it ahint him - than off leyke a shot te t' kitchin an starts flingen his claes on. As ye med think, Mary's just aboot hevvin' kittens, bit Jwohn niver bats a heylid. he just gaas on follerin t' geame.

Bit varra seun ther's a howd up, yan o' t' players is gitten trod on; an' Jwohn turns hissel roon ta Mary an ses, Thoo knoas, its a gay queer thing - bit Ah nivver seed t' referee sen' that chap off !!"

*** *** ***

A PAGE OF HISTORY

This 'Merican fella com ta Nether Banton las' back-en' an' stopped wid Joe Ridley at Mossdyke a la-al bit. Wat Joe thowt on him he niv'ver let on; he wassent a chap 'at oppened his gob ower weyde at t' best o' teymes, wassent Joe; an' as this 'Merican was a swort o' secind cuzzin, mebbe he thowt bluid wes thicker ner Staatecontrol bitter. Bit if Joe dudn't say ower-much, his visitor meade up for 't. He'd a greet flashy car wid t' steerin' wheel on t' wrang seyde an' ivvrythin' else aboot him wes t' seame mak'.

He wes fer ivver ga-an on aboot hoo gran' leyfe wes in t' Staates, t' lan o' weyde oppen speaces. Wey, ses he, this la-al country could be putten doon in a smo' cworner o' Texas, an' wad nivver be missed. T' lan' ov oppertoonity, he co'd it, an' sed ower an' ower agean - 'at a chap 'at scrattit a bare leevin' oot o' t' lan' i' this neck o' th' woods wes nowt mair ner a hoaf-thick, when ther' wes fortins ta be picked up in sec spots as he com' fra'.

He hed a stock o' rwomantic teals aboot hoo t' Staate o' Texas wes foonded, an' hoo t' West wes won, 'at he tell't ower at greet len'th, an' finish't off bi axin' wheer in aw t' rist o' t' warrld wad ye fin' sec a spot. Bi t' teyme we'd hed this lot fower neets runnin', we could hev tell't 'em ower wid him.' At t' fifth teyme o' axin', Ah could see 'at Jonty Milligan hed summat up his sleeve - sea when oor 'Merican friend stopped fer breath, Ah ses: "Toakin' aboot historical teals, wat wes that 'un ye war on wid t' udder neet, Jonty?"

" Whey," ses Jonty, picken' me up smartish, " Ah divvent knaw wat trewth ther's in 't, bit mi granfadder use't ta tell it, an' it gaas back a bit afoor his teyme. He sed, did gran'fadder, 'at efter owd Noah hed bin croozin' aroon in his ark fer a good bit, his sons went till him. "Fadder," they ses, "We've gitten a problem. It's them animals."

"Wat aboot t' animals?" ses Noah, "We''ve gitten eneuf fodder fer 'em, Ah's sartin o' that."

"Oh, aye," ses t' sons, "It's nut that en' 'at 's causin' t' bodder. thoo knoas, whoarivver ther's stock, ther's muck, an' if this voyage gaas on much lang-er, t' ark 'll sink under t' weight on 't. We're gitten varra low i' t' watter as 't is."

"Nut at aw" ses Noah; "Ah''ve tell't thee afoor Ah wannt nowt weastit—Yon muck'll be varra useful when t' please dries oot a bit.' T' lads chuntert on, tryin' ta git t' owd man ta see sense, bit he wadn't be budged, sea at las' they gev up. Bit as teyme went on, summat o' wat they'd sed began ta bodder Noah, an' ya day he thowt he'd best check up. Sure enough, he fun' t' ark wes settlin' doon still lowwer in t' watter - an' he gits a reet flay when he sees, fer t' furst teyme, hoo much muck ther' is. Sea he co's t' lads tagidder, an' ses ta them:

"Noo, mi lads, neabody'll ivver say 'at thi fadder cannot own up when he's bin mistean. Nea, hard feelin's; ther's nea teyme fer that let's git shot o' yon lot. Git a shovel apiece - wimmin-fwoak an' aw - we'II hev it fettled i' nea teyme."

Meynd, it teuk a bit langer ner that, bit at last they gat it aw towped oot. An' they reckoned 'twas t' biggest midden ivver beheld bi an er beast in aw t' history o' t' warrld."

Noo, t' 'Merican hed bin lissenin' gey clwosley, an' when Jonty stops he axes, kinda flummox't, if that's t' en' ov his teall, 'cos he cannot see t' point on 't; wat happen't till t' ark, than?

"Eh, nowt much," ses Jonty, offhan'. "It went on its `voyage, Ieyke it did afaar, bit a gey bit hee'ar in t' watter."

Bit Ah catch't t' teall-en' ov yan o' Jonty's oal-farrant leuks, sea Ah put in my twopennorth.

"Mebbe it's a dam daft question," Ah ses. " Bit wat becom' o' t' muck?"

"Nowt at aw," ses Jonty. "It ligged theer, untouched, tull fot-teen-neynty-two, when Kirstopher Columbus discover't it."

*** *** ***

CLEAN SWEEP

Con ta meynd on (ses Jonty till his nex-dooer neebour) when thoo furst moved in nex' dooer ta me an' Aggie? Nea dooubt yon whool i' t' chimla breest up i' t' attic flummox't thi a-laal bit - thoo knoas, that bit wid sum rough plaister ower it ? Noo, Ah con tell thi aw aboot that, cos in a manner o' speakin' it wes mi 'at gat t' bleam fer't.

T' widda Fargison leev't theer afoor thee: as carnapshus an owd faggot as ivver Ah seen in aw mi bworn days. It's bin sed offen eneugh 'at she natter't hur owd man ta deeth - t' peur owd blowke hed ta ga doon t' gardin ta t' shed if he wantit a bit smeuk ; ther wes naeh peace fer him i' t' hoose - it wes: "Tom, tek thi beuts off! Tom, divvn't leean thi greeasy heid on't chair-back! Tom, dud' ta wesh thi honds ?" It wes "Tom, this" an' Tom, that" till t' peur owd gadgie hed aw t' stuffin' knock't oot o' him. When he deid, he hed a greet smurk on his fease - it must ha' bin a fair marciful release when he mannish t' ta mek t' final brek.

Noo ther's yah thing 'at med be sed aboot oor Aggie - she'll nivver see mi stuck fer a job! Ah telt hur yah mwornin' 'at we'er a bit slack at wurk, an' Ah con git t' efterneun off; sea if she fancies a laal run oot we con hev an hoor er twea i' t' fresh air. Quick as leetnin' she ses : "Thoo con ca' roon' bi Bobby Briggess an' borra his tackle fer sweepin t' chimla - t' smeuk's bin blowin' back an' we've hed a bit o' soot fa-en."

Weel, Ah cud ha thowt o' better ways o' putten in a buckshee efterneun ! Bit, thinks Ah, if Ah deuh that job widoot yammerin' aboot it, she'll mappen nut grummel ower much when Ah tak' off fer mi darts match at t' Dog an' Duck - `at Ah heddn't juist gat roon' ta tellin' hur aboot.

Keepin mi gob shut, tho', wes mi furst misteak, as Ah fun' oot when Ah gat heam wid t' brush an' rods. Reet off, Aggie ses: "Ah've bin thinken, ther's nea hurry, its nut sec a lang job; sea we've gat teyme ta slip ower ta see mi mudder, an' ye con fettle t' chimla when we git back."

Ah cud see a weastit efterneun stritchin' oot i' frunt o' ma , cos Ah've nivver meade nea secret ov mi feelin's aboot Aggie's mudder - an if **she** wes axed aboot **hur** feelin's aboot **me,** Ah's sartin she'd say "Mutual". Atop o' that, Bobby Briggs hedn't exac'ly fo'en ower hissel ta len' me his sweepin' tackle; he'd meade a few remarks on t' subjeck o' fwoak 'at gat t' len' o' stuff an' dudn't return it in t' seame shap' as the' gat it. Nobbut las week, he sed, t' brush hed com back wid t' heid hingen off efter it hed bin borrer't fer a few days an' kep' ower a munth, an it hed tean him he dudn't knaw hoo lang ta pot it reet. Sea, wat wid yah thing an' anudder, Ah wesn't wat ye'd ca' i' t' best o' fettle when we set oot. Thinks Ah, "Nivver meynd, Ah'll say nowt; Ah'll still hev teyme ta sweep t' chimla when we git back, an' mappen Aggie willn't say nowt aboot t' darts match - when Ah git roon ta' mentionin' it."

Ah'd rayder nut say much aboot that efterneun. If ye con pictur' me hotchin' aboot on t' edge ov a hard chair, puttin' up wid aw maks o' veiled insults an' turnin' t' udder cheek leyke a Christian, that's eneuf ta ga on wid. Hoo Ah stuck it oot Ah'll nivver knaw, bit ivvrythin' coms till an end, an' at last Aggie an' me wes mekkin' yeam agean, forby aboot an hoor leater ner Ah'd reckon't on. Thinks Ah: "Ther'll be a bit ov a scramally, bit if aw gaas reet Ah should git t' job deun i' teyme."

We gits in; Aggie rowls t' carpet back, an' Ah gits t' bag ruddy an' t' brush weel up t' chimla, screwin' on t' rods an' pwoakin' it up a bit mair, an' ivvrythin's gaan reet as rain, tull we gits till a orkerd bit wheer ther's a bit ov a bend near till t reeaf. Hooivver, Ah gie's a bit o' a heave, an' up she gaas: a job `at ony perfessional sweep med bi prood on.

Ah gits t' tackle doon, neah bodder; packs up t' rods, an' Ah's gey glad ta nwotice 'at t' brush is still hodden on, firm as a rock. "Ah'll juist clean misel' up," Ah ses, bit Aggie breks in afoor Ah gat onta t' subjeck o' darts. She ses: "Ah telt Mrs. Fargison ye'd nip in an' deuh hurs whel ye've gitten t' tackle."

Noo this wes wat the' ca' a reet sneck-posset! Wat wes Ah ta deuh?

"Ah'll ga tamorra," ses Ah, thinkin' quick. - Ah connot deuh't noo, it'll throw me leate fer mi darts match. ..

"Furst Ah've heeard aboot a darts match," ses Aggie, sharpish "It's ower leate noo; thoo should hev' telt ma afoor. Ah promish't Mrs. Fargison, sea thoo'd best git roon'."

Ah telt Aggie wat Ah thowt aboot owd Ma Fargison, bit it wes nea good - off Ah hed ta traipse nex dooer. Cum in, ses t' widda, "Wipe yer feet, keep yon brush off t' wallpapper, divvn't screape them dooers, meynd t' furnitur'."

Ah nivver let on; part fra choice, bit in t' main cos it's nut easy ta git a wurd in whel t' widda's i' full spate. Ah stuck t' brush up furst bit wid a vicious pwoak, whel t' owd body hotch't aroon', expectin' t' warst ta happen. Ah kep' on shovin' an' joinin' on bits o' rod, tull we gat till t' orkered bit near t' top. Ah' d say t' bend here hed **anudder** bend inseyde it - an' gor bun, t' brush gat held fast.'

"Wat's up ?" axes t' widda, seein' mi feass gaan reed, than purple, wid t' effort. "It's jammed," Ah ses, pantin' a bit. "T' brush's gitten stuck in a cworner."

Ah tried a pull, than a push, bit it wadn't com owther rwoad, an' Ah wes fast runnin' oot o' idees.

"Let me hev a ga," ses t' widda, an' she lays ho'd o' t' rod an' gie's it a laal twiddle. O' coorse, that did nowt, sea Ah ses a few wurds till missel', spits on mi honds, rubs `em on mi brutches, an' cops ho'd o' t' rod agean. Ah' gitten mi dander up bi noo, an' Ah gev that rod sec a heave - it com clear that quick 'at Ah wes vaneer carried up t'chimla.

"Awa' ootseyed i' t' back," Ah ses, "An ' see if it's clear o' t' chimla pot." - Awa' she gaas, then she cu's runnin' back, an' Ah cud tell reight off t'wes bad news.

"Summat up ?" Ah axes.

"Aye," ses t'widda. "T' rod's up - bit nea brush!"

Ah thowt wat Bobby Briggs wes gaan ta say when Ah telt him his brush wes stuck i' t' widda's chimla. An' efter Ah'd pwoake't aboot a bit wid nea luck, Ah juist hed ta pull t' rods doon an' ca' it a day. O'coorse it wes noo far ower leate fer t' darts match, sea aw cud deuh wes ta ga back yeam an' git misel' inta t' bath ta git shut on t' bits o' soot Ah'd mannish't ta collect. Ah left t' widda grizzlin' aboot t' mess an' axin wat she should deuh aboot t' brush -sea Ah telt hur. Yan con stan' sea much bit nea mair.

Noo aboot a week efter, Aggie wes in t' back, hingin' oot t' weshin', when t' widda pops hur heid ower t' fence, wid hur feass reed as a bubbly jock. "Here," she gollers, hoyin' t' brush, a gay bit warse fer weear, at Aggie's feet; "Here's yer brush back - Ah'd ta git Joe Mossop ta brek inta t'chimla ta git it - eighteen an' six it cost ma." An' awa' she flees, slams t' back dooer, an' nivver speaks till us agean.

Sea that's hoo that rough bit o' plaister com ta be in yer attic. It cost t'widda Fargison mair ner she cud affwoard; it cost **us** hur beautiful friendship (nut `at **that** bodder't us !) ; Aggie sed Ah wes a "feckless gommeril".; Bobby Briggs co'd ma sum neams 'at Ah nivver heeard afoor.

An' Ah nivver gat misel' puck fer t' darts teeam ivver agean !

*** *** ***

DOCTOR JACK

Ah've telt thi afoor aboot oor Doctor Jack. He wes yan on us, bworn an' browt up i' Cummerlan'; an' tho' he cud toak bay-winda wid t' best ov 'em, ther' wes nowt he fancied mair 'n a gud owd crack in oor mak' o' toak. He wes varra much in demand as a efter-dinner speaker aw t' spot ower, an' he nivver fail'd at sec do's ta git t' ba' rowlin' bi tellin' aw prisent 'at he wes "Doctor Jack, t' Nether Banton quack.

Noo yance ower, a fair bit back, Jonty Milligan hed putten hissel doon fer a check-up. Ther wes nowt much wrang wid him; he'd just bin under t' wedder a laal bit. Ta tell t' trewth, wat he wes really gaan fer wes this: last teyme he'd seen t' doctor, he'd bin telt 'at a laal drop o' whisky at neet waddn't deuh him anny harrum - an' he'd bin wunderin' fer a laal bit if ther'd bi any chance o' gittin' sec stuff on t' Nash'nal health. (Nea harrum in axin', thinks he.) Sea off he gaas, an' when he gits till t' Doctor's spot he finns, fer yance, ther's neaboddy in t' waitin' reum.

Efter nobbut a laal wait t' doctor's lass tells Jonty t' doctor 'll see him noo, sea doon t' passige he gaas till wat Doctor Jack allus co'd his Insulting Reum. Bit just afoor he gits theer, t' dooer flees weyde oppen an' oot cums a nun, leyke a cwork fra' a bottle, leukin' leyke Ah divvn't knaw wat. She'd ha' cowp't Jonty ower if he hedn't lowp't oot ov hur way smartish. Off she traipses doon t' passige an' oot o' t' frunt dooer ameast afoor Jonty's feet hed touch't dry land agean.

T' doctor's thrang, gedderin' up peapers 'at hed gitten scatter't aw ower his desk. Fer aw that, he'd a laal bit smurk ov his feace as he tells Jonty ta sit hissel' doon.

"Thon nun `at just went oot," ses Jonty, "She varneer knock't mi flatt. She leuk't leyke she'd hed a reet flay - wat wes up, owt serious?" "Thoo cud say that," ses Doctor Jack, "Ah'd just telt hur she wes pregnant."

"Pregnant?" ses Jonty, fair flummoxt, "Pregnant??"

"Aye - pregnant, thoo knoas."

"Bit - bit - a nun . . . in't fam'ly way! That cannot be reet, sewerlie?" ses Jonty.

"Coorse it's nut reet!" ses Doctor Jack, laffin' his heead off. "Bit it sartinly fettl't hur hiccups!"

*** *** ***

JONTY LARNS A LESSUN

Ya summer efterneuen owd Jonty was deuan his roonds in his la-al van. 'Twas a gay het day wid t' sun beatan doon, an' fer yance Jonty was feelan 'at mappen t' owd warrld wassn't sec a bad spot efter aw - it was aw he cud deuh ta stop hissel' fra' bustin' inta sang. T' van was runnin' champion; he'd just gitten 't up t' lang hill ootseyde t' Loonatic Asylum when aw ov a suddint - BANG! - an' doon went yan ov his back tyres.

" O deary me," ses Jonty (er summat leyke that), an' he clim's oot o' t' van an' traipses roon' ta inspect t' damige. Flat as a fluke it was, seah ther was nowt else for 't - he ratches in t' tool kit, gits t' jack oot, fettles it up an' starts crankin'. T' sun gaas on beatan doon on t' back o'v his neck, which dissn't add till his enjoyment. Nowder dis t' fact that yan o' t' inmates is stannin' t' udder seyde o' t' fence, watchin' ivvry move, bit sayin' nowt.

Jonty ses nowt nowder. He gits t' wheel clear o' t' grun', taks off t' hub cap an' lays it in t' gutter; than, wid a couple o' grunts an' a bit o' brute fworce, unscrews t' fower nuts; he lays these varra careful in t' hub cap seah's he'll knaw where ta fin' them when he wants 'em agean. T' wheel noo coos off easy, bit Jonty stackers a bit as he turnns roon' wid it, his feut catches t' edge o' t' hub cap - an' t' fower nuts aw rowl oot an' doon a gulley afoor thoo could say Jack Robison.

" Gor bun," ses Jonty, " Ah's fair flummoxt noo'. What div Ah deuh next?"

" Hoo dist t'a mean, flummoxt?" axes t' fella. Jonty's bleud pressur' riz till a dangerous level.

" Hoo can Ah git t' spare on widoot nuts to hod it?" he ses.

" Can ta nut think it oot?" ses t' fella, as if he'd bin changin' wheels aw his leyfe.

" Ah cannot fix t' wheel wid nowt ta fix it wid," shoots Jonty.

" Just think a minit," ses t' fella, quiet-leyke, " Hoo many mair wheels hes ta gitten?"

" Three, o' coorse," ses Jonty, breathin' hard.

" An' hoo many nuts is ther' on each wheel?"

" Fower," ses Jonty.

" Reet!" ses t' fella, " Than ga roon' them three wheels; tek ya nut fra' each: yan fra' fower is three. Noo thoo's gitten three nuts on each ov fower wheels; seafe eneaf ta carry on wid till ye git till a garridge an' git spares."

"If that dissn't cap catlugs," ses Johnty, " Fancy YOU - in THEER - thinkin' up a clivver thing leyke that! Ah wad nivver hev thowt that 'un oot - nut in a hundert 'eears!"

" Oh weel," ses this fella, " 'Thoo sees, Ah may be 'mentally deficient - bit Ah's nut bloody daft ! ! "

*** *** ***

JOHNTY'S NUT VARRA WEEL

Yance ower, a bit back, Johnty Milligan picks up a reet dwose o' t' flu. He's that badly wid it ye wadn't beleeve, bit asteed o' knockin' off he tries ta ga on wurkin. In t' en', it gits that bad 'at depression sets in; he hes ta tak till his bed, an' it leuks leyke he'll nivver git oot ov it agean. Doctor Jack cud mack nowt ov him in anny shap er fworm: he jist ligged theer wid his een clwos'd, sayin' nowt an' eatin' less.

Moll Wulson, fra' nex' dooer, hed popp't roon' yan efterneun, an' Martha, Johnty's missus, teuk her up th' stair ta see if a visitor cud deuh anny gud - but it mead nea differs - Johnty nivver battit a heyelid.

"Ah've bin thinkin'," ses Martha, "There's nowt else for't, Ah've gat ta feace fac's. He's in a varra bad way, an't leuks leyke ther's nea betterment. Ah'd best git misel' roon' ta Tucker Meason's an' see hoo much t' funeral's gaan ta cost."

"What dis t'a hev in meynd?" axes Moll.

"Ah thowt aboot owther Carel cymme-terry er else a creemayshun," ses Martha, whiet-leyke. "That wad mean a hurse an' twea cabs, Ah wad think."

"Dud t'a nut considder t' villidge kurkyaard?" ses Moll. "That wad cut oot t' cabs - it's neah distance fer us ta woak."

"Ther's summat i' wat thoo ses," admits Martha, "That wad leeave us wid just t' hurse, than."

"Hod on a minnit," ses Moll, "Thoo cud mebbe even mannish widoot t' hurse. See what Tucker hes te say aboot usin' a flat cart, t' coffin wad ga on't - neah bodder, an' Ah's sartin mi man, Matt, wad be willin ta pull't. Tucker cud be at t' back, stiddyin' it an givin' a bit ov a shuv noo an' agean. Wat dis t'a think o' that?"

Afoor Martha fun' teyme ta ans'er, Johnty's een oppen'.

Gimme three er fower minnits ta git mi britches on," ses he, "AN' AH'LL BLOODY WALK THEER!"

Thoo wadn't beleeve't, bit fra then on he nivver leuk'd back! Aboot three week efter, theer he was, back in his owd seat in t' Nag's Heed, tellin ivverboddy 'at cared te lissen wat it was leyke ta fin' thisel at deeath's dooer, waitin' fer Doctor Jack ta cum alang an' pu' thi throo.

***   ***   ***

JOHNTY PAYS A CALL

Jonty Milligan hed gitten hissel' ower fra his heam in Nether Banton ta visit Marg'rit, yan ov his dowters, 'at leev't ower at Cawston. Thoo'll knaw, ov coorse, Cawston's three-fower meyle plumb soouth o' Carel, an' it's a canny laal spot 'at 's fair brussen wid aw maks ov entertaanment. Mair'n yance a Cawstonian, [es the' ca' thersels] hes telt mi 'at t' pleace 's nut just a dormitry fer them 'uns 'at wurk i' Carel, neaboddy need nivver ga ootseyde t' spot ta full up ther' spare teyme, ther's allus summat gaan on ta hod yan's interest, ta bi seur. Anudder thing, naatives an' offcumers git on tagidder a treat, nut leyke at sum spots Ah can think on.

Jonty played wid t' bairns, supp'd a gay few cups a tay, an' wes makkin ta ga back heam, when Marg'rit tells him there's a meetin' on i' t' village ha' 'at he med git summat oot on.

"Is that reet? Wat's it aw aboot?" axes Jonty; an' Marg'rit ses it's a new society co'd The Cawston Improvement and Develupment 'Sociashun. " Com-mit-tee's awriddy bin set up," ses she, "Seea the've co'd this meetin' ta gie it a push."

"Nay, Ah'd best keep clear," ses Jonty, "Ah waddn't leyke fwoak ta think Ah's stickin' mi neb inti matters wat dissn't consarn mi."

"Divvn't be daft," ses Marg'rit, "Thoo's sung manny a song an' telt manny a teall in yon Ha', an' the'd aw bi glad ta see thi."

An' that wes hoo Jonty fun' hissel' in t' villige ha' at Cawston, an varra divartin' it wes anaw. T' Chairman co'd t' meetin ta order ("Fower peynts," ses sum comedian), an gaas on ta say 'at the'd aw bin co'd tagidder ta gie t' com-mit-tee summat ta wurk on, an' if anyboddy knaws ov owt 'at wad improve Cawston, or hes heeard ov owt 'at's gaan on sumwheer else .. "Mr. Bell," he ses, "Will ta start t' ba' rowlin?"

Mr Bell gits till his feet an' tells t' meetin' he thinks Cawston's takkin neah hurt as it is. He's a leadin' member ov beath t' Choral Society an' t' Horty Cult'ral Society, forby singin' in t' kurk choir. He wad nivver think o' gaan inta Carel if he dudn't wurk theer. Than anudder gadgie gits up an' es he belangs ta "Cawston Thespians" an' t' Chess Club, an' these tak up aw his spare neets. He thinks Cawston's a reet knacky laal spot, cudn't be better't. Aw maks ov udder fwoak say t' seame swort o' thing; owd yage pensh'ners, wimminfwoak fra t' W.I.; an' Keep Fit classis is weel thowt on, crickit an' fitbaw teeams allus show up weel i' t' lwoacal geams. Wat a sheame, ses yan speaker, 'at we'r sea far off t' sea - if we nobbut hed a cwoastleyne we'd hev t' lot. An' yan er twea 'at follert him thinks he's reet, at that.

Than t' Chairman gits up an' ses hoo chufft he is 'at ivvrybody's sea satisfised. He cannot think offhan' of any way ta git t' pleace ca'd "Cawston on Sea" (laffter), bit he's sartin t' committee'll gie t' matter sum thowt - mappen t' Parish Cooncil wad tak' nwote (mair laffter). Bit afoor he clwoses t' meetin' he'd leyke ta say hoo pleas't he is ta see Mr. Milligan fra' Nether Banton sittin' ower theer, "If ye divvn't knaw wheer Nether Banton is," he gaas on, "It's nobbut a whiet laal spot aboot six meyle west o' Carel - nowt leyke sec a impwortant spot as Cawston, thoo knoaws - thoo follers t' signposs ta Kurlbrigg - an' when thee gits ta t' bit whoar t' main, rwoad runs throo t' car wesh, that's Nether Banton. There's nut much on 't - divvn't blink er thoo'll miss it awtogidder .. Ah darsay Mr Milligan wad leyke ta hev a wurd - on thi feet, Jonty!"

Jonty gits up. "Mr Chairman," he ses, "Ah feel varra priv'ligt ta hev bin at sec an impwortant meetin'. It's neyce ta knaw hoo many fwoaks is satisfied wid t' staate o' things in Cawston, an it wad seem that ther's nobbut ya thing missin' - the sea. Noo, it seea happens 'at AH con solve yer problem: aw thoo needs is a lang len'th o' rubber teubin', nut mair'n a hauf-inch diamiter. Thoo starts layin' it far t' cwoast abeun Beckfitt, gaan inland due east. An' when thoo gits ta Cawston - weel than, if thoo can SOOK hawf as weel as thoo can BLAW ...."

Jonty telt mi 't was at that point 'at t' meetin' brok up. An', as far as he knaws, nowt's bin heeard ivver sin aboot t' Cawston Improvement an' Development 'Sociashun!

*** *** ***

JOHNTY TAKS A TUMMEL

Noo an' agean, Martha, Jonty Milligan's missus, teuk a week off ta see hur sister in Lancaster. When this happen't, Jonty us'ally lost nea teyme i' gittin things as he wantit them - kitchin sink full't up wid dishes, cleease aw ower t' flooer, an' t' bed leukin' leyke a dog's dinner. On top o' that was t' prospec' ov lang neits in t' Rwose an' Croon wid neabody ta chow t' fat when he hed yan ower t' odds. On this occashun he'd hed his furst day o' freedom, an mebbe he'd supped a laal bit mair ner he should hev, sea when he com ta ga he wes nin ower stiddy on his pins.

As he teuk t' short cut heame throo t' kurkyard, tryin' ta sing beath parts ov a duet at yance, he thowt till his-sel wat a turble bad steate t' graves hed gitten intil sin' t' owd sexton gev ower. Thinks he: "Wat a spot this is - Ah wadn't be fund deid in it." Then his thowts rammlelt on: "Ah'd deuh a bit o' teydying up misel' if a few mair wad gi'e us a han'. Bit thoo just hes ta mention owt o' that , an' ivverybody's ower thrang, gat this an' that ta deuh, seah that's neah good. Then he thowt 'at ther' wer plenty o' peer owd chaps, reet on t' spot, six foot doon, 'at wad be willin' eneuf ta help him if th' nobbut could. Sea, wid a la-al chuckle he ga-as on, stackerin' a laal bit, an' singin' quiet leyke till his-sel aboot th' bowld jon-darmes.

Noo, t' neet wes aboot as black as t' inseyde o' Lowther Broon's pig hull - an' t' nex' thing 'at happen't wes 'at Jonty catch't his feut on a heidstean 'at hed gat knocked skew-wiff - an' afoor he could tell if 't wes collop Monda' er fowerth o' July, he tummel't intill a fresh-dug oppen graave. It teuk him, a bit ta fin' oot wheer he wes an' hoo he gat theer, wid aw t' win' knockt oot ov him. Bit there's nowt leyke a tummel fer soberin' a chap up, an Jonty seun hed it aw wukked oot. "Ah wes gaan throo t' kurkyard," thinks he, " an' Ah catch't mi feut on that stean - but Ah divvn't suppwose that med much differs; Ah think Ah wes gaan ta tummel anyway. Reet! Noo, t' nex' thing is - hoo div Ah git oot?"

Bi that he gits till his feet, feels his-sel aw ower (neah beanns brokken), an' starts reet awa' tryin' ta pull his-sel up.

Noo, Ah divven't know if thoo's ivver tried ta clim' oot ov a graave - Ah nivver hev' misel - bit Ah tell ye ther's a gay few easier ways o' passin' t' teyme. Thoo sees, t' seydes gah streit up, an' ther's nowt ta git hod on forby. Hawf a dizzen teymes Jonty hed a try; each teyme he slid doon agean wid a bump. At last he ses: "Ta heck wid it," an' currls hes-sel up in t' far cworner, rowlin' up intiv a bo' an' fortifying his-sel wid' a swig fra' a flask 'at he'd browt wid him fra' t' pub.

Noo, ye're nut gaan ta believe this bit - bit Gwordie Hodgin, 'at us'lly went heam aboot t' seam teyme as Jonty, hed gitten intill a argyment at shuttin' teyme aboot wat won t' Leger in 1932. An' yah thing hed led till anudder tull Gwordie was runnin' a bit leate. If Ah say "runnin'" Ah's tellin' a lee, scause he wes in a rayder wuss steate ner Jonty; as he cu's throo t' kurkyard HE's tryin' ta sing I' fower part harmony. He reaches t' seame spot as Jonty, cowps ower t' varra seame steane, an' lands wid a wallop reet in t' middle o' t' graave.

Noo, Jonty's heeard him cummin', an's mair ner an idea whea 'tis that's join't him. "Lets see wat he maks o' this lot," he thinks - an' Gwordie, just leyke Jonty afoor him, gits till his feet, tries ta clim' up t' seyde an' fa's back, sweerin' a bit looder each teyme.

When he stops ta git his breath back, Jonty reck'ns its teyme ta let him know he hes cump'ny. Sea he speaks up an' ses: "Thoo'll nivver git oot". . . . . Bit he did!

*** *** ***

"ALLUS TELL T' TREWTH"

When Gron'fadder farmed Dalefoot aboot sebenty 'eear sen, (said Matt Wulson), ther' wes nin o' this rubbish aboot "plannin' permission". If thoo wantit owt deun, thoo just gat stuck in an' dud it; lang as it wes on thi own land thoo could deuh wat thoo leykt, widoot a lock o' Guv'ment inspectors traipsin' roon' sayin' deuh this an' divvent deuh that.

I' them days ther' wes neah sec thing as runnin' watter i' t' hoose (bar that 'at com in throo whols i' t' reeaf). Thoo gat thi drinkin' watter an' weshin' watter fra t' pump i' t' yard. Bathneet wes summat ov an event, wid an owd tub afront o' t' kitchin fire an a big kettle boilin' awa' on t' hob. An' ther wes a knacky laal spot up i' t' gardin 'at hed gitten aw maks o' fancy neames, sec as "closet", "privvy", "buckit-shop" - er "oot offices", if thoo wantit ta toak bay-winda - bit we nivver caw'd it owt bit "t' laal hoose". It kind o' flommoxes me why sec spots wes allus built wid ther' backs ta t' prevailin' wind; an' Ah con tell thee thoo weastit neah teyme i' theer on a cowd winter's neet!

Noo, owd Watty (that wes mi Gron'fadder) wes gitten his-sel a bit moider't aboot t' laal hoose; It wes varneer fo'en ta bits, an, thinks he, its aboot teyme Ah dud summat aboot a rebuildin' job. He'd just gitten inta bed ya neet, an' he's weighin' up hoo best ta tackle it. (He dud maist ov his best thinkin' i' bed). Aw ov a suddin he gits his ans'er - thoo sees, t' river runs doon bit t' boddom o' t' gardin, an', thinks Watty, if thoo con nobbut rebuild it at t' watter's edge, mappen ther'll be neah mair buckits ta empty. Aw it needs is a cupple o' stoot wood possts druv inta t' bank, hingin' oot ower t' rivver, an' Ah con build t' laal spot o' them.

Sea, next mworn he gits crackin', an efter a few fause starts he mannishes ta build a edifice leyke neahbody hed ivver seen afoor. Ah've heeard o' many a "lean-to" buildin' - bit this wes mair ov a "lean-ower". Awivver, Watty's satisfised it'll stan' up ta owt, an' he gaas off thinkin' that's anudder job jobbed, an' wid a bit o' luck it'll see him throo his teyme

Bit ther' wes ya thing Watty hed fergitten ta allow for - his young son, Bob. 'at wes allus up ta summat he shouldn't hev bin! An' sure eneuf, efter a few week hed gone by, t' laal hoose went floatin' off doonstream ya dark neet, an' neabody nivver seen owt ov it agean. Nex' mwornin Watty finnds t' stakes hed bin hauf sawed throo, clowse ta t' bank; this hed put ower much strain on 'em, an' the'd snapp't off. He'd gitten nea proof, bit t' furst neame 'at co's ta his meynd is young Bob. Sea he co's t' lad in an' ses tull him, varra serious:

"Noo, Robert, Ah's gaan ta tell thee a teall an' than Ah's gaan ta ax thee a questi'n. . . . Yance ower ther' wes a laal lad, aboot thi own yage, an' his neame wes Gwordie Weshin'ton. Noo, Gwordie hed gitten a hatchet fer his burthday, an' reet off he taks it oot an' chops doon his fadder's favouryte churry tree. Noo, when his fadder sees t' tree liggen on t' grun', he's gay mad, an' he axes t' lad, gay sharpish, if he'd deun it. Ah wad think laal Gwordie's knees wes knockin' a bit, bit he stan's up streit an' ses: "Fadder, Ah connot tell a lee. Ah chop't it doon." An' his fadder ses: 'Good lad: bi reets, thoo knoas, Ah should wallop thee - bit Ah's nut gaan ta deuh that, scause thoo tel't t' trewth leyke a man,. Mind on, lad, as thoo gaas throo leyfe, allus tell t' trewth, an thoo willn't gaa far wrang.' An' dist'a knaw, Robert, thon lad grew up ta be President ov t' United States ov Americy.

"Weel, that's t' teall, lad - an' noo fer t' questi'n: Dud thoo push oor laal hoose inta t' watter?"

"Fadder," ses Bob, "Ah connot tell a lee. It wes me 'at deun it."

Wid that, Watty grabs t' lad in an iren grip an' gi's him t' best ledderin' he'd ivver hed - an' he's hed a gey few in his teyme!

"Weel, that caps aw!" ses Bob, efter he'd stopped gollerin". "Thoo tell me that fancy teall aboot Gwordie Watsisneame, an hoo his fadder ses he's a good lad fer tellin' t' trewth - an' when Ah deuh t' varra seame thing thoo belts dayleets oot o' ma."

"Ah, bit thoo sees," ses Watty, "Gwordie's fadder wasn't up t' churry tree when Gwordie chop't it doon!"

*** *** ***

ANISEED BO'S

Noo if ye war ta ax ma wat Ah wes deuan las' Freyda', Ah'd be hard put till ta meynd on, bit Ah've neah bodder rec'lectin' things 'at happen't sixty er sebbenty 'eear sen. Them war t' days o' lang het summers - Ah suppwose it med ha' rained sumteymes, bit mappen it's t' gud days 'at sticks i' yan's mem'ry.

Las' weeken' Ah fun' misel' a'meast bi accident, back i' t' spot whoar Ah wes brung up an' Ah con tell thee, it turrn't intil summat ov a "sentimental journey". T' bit ov weaste grun' whoar we played fitba' ("Hewitt's Hornets" takkin' on th' cream ov th' furst division) - it's aw bin built up noo Bit ther's anudder bit opposyte whoar, on a feyne summer efterneun, us kids wad bring oot a claes-hoss an' a blankit an' mek a bit ov a tent. We nivver nwotish't it wes hetter inseyde ner oot!

Ah meynd yance-ower 'at a lass med sec a tent fer hursel'. Ah'd bin moochin' aroon', deuan nowt much; an' as Ah gat ta t' street-en', hevvin' decidit ta ga heam, this lass flew at ma, fists an' feet fleean, shootin' 'at Ah wes a "Peepin' Tom" an' ought ta be fair sham'd! Ah wes ower takken aback ta deuh owt bit defend misel' as weel as Ah wes yabble

- Ah'd neah puff left ta tell hur Ah'd nivver bin near hur tent. Forbye, Ah'd neah idee wat a "Peepin' Tom" wes - that's hoo young Ah wes !

Hooiver, efter a bit Ah mannish't ta brek awa' an' Ah went heam - bit wat div ye think? - mi Mudder hed seen aw this, an' she skelpt ma fer feightin' i' th' street, an' wid a lass anaw! At that varra moment Ah fun' oot ther's nea justice!

Girnin' awa ta misel' as Ah thowt aboot this (an' a lock mair udder things), Ah turrn't t' nex' cworner - an' theer, nut cheang't a scrap, stood th' owd sweetie shop. Ah couldn't b'leeve it; Ah leuk't i' t' winda at aw th' owd familiar shwort-cuts ta teuthwark - trays o' gobstoppers, jelly babbies, wine gums, sherbet dabs an aw' maks, An' yance mair th' eears rowl'd back, an' Ah wes stannin' theer aboot fower 'eear owd, clutchin' mi Setterda' penny.

An' Ah knew feyne wat Ah wes leukin' fer - - - Aniseed Bo's ! A Setterda' penny wesn't spent widoot a lock o' thowt. Riley's Taffy Rwolls wes fantastic, bit at fowerpenoe a quaarter ye dudn't git much fer yer penny. Fudge wes neah use - gean as seun as ye put it in yer gob. Jelly babbies an aw t' rist war cross't off mi list yan at a teyme, an' it com doon ta t' feynal choice - black bullets er aniseed bo's - beath wid a lock o' staayin' pooer, bit aniseed bo's varneer allus com off best wid me. Thoo sees, the' hed this wunnerful flavo'r, an' th' ability ta cwoat thi tongue a breet reed forbye.

They cam' i' twea sizes; t' biggermer wes varneer a gobstopper, bit Ah allus settl'd fer t' laal 'uns, Ah reckon't the' hed a bit mair bite tull them; forbye if thoo swaller'd yan, a smo' 'un went doon widoot complications.

Back i' t' prisent day, Ah couldn't wait ta git t' shop dooer oppen't. In Ah went, an' Ah ses tull t' chap aback o' t' coonter, "Pennorth ov aniseed bo's." '

He leuked ower at ma as if Ah wes summat 'at hed juist gat in fra' ooter speace. "Twenty-two pence a quaarter," ses he.

"Gives us hauf a pun"' Ah ses . . . Ah teuk hod on t' pwoak an', sharp as leetnin, stuff't yan i' mi gob. On mi way back tull t' car Ah teuk it oot, leyke Ah dud as a laal lad, an' bi this teyme it wes snaw-whytee - sea Ah knew 'at aw t' reed cwoatin' wad bi aw ower mi tongue.

On mi way heam Ah stop't off at oor Aggie's. Mark, hur younngest, wes playin' i' t' frunt gardin.

"Hey theer, Mark," Ah ses; "Ah'v summat fer thee."

"Wat's that than Gron'fadder?" axes laal Mark.

"Twothri sweeties," Ah ses, tippin' a few oot. "Cop hod noo; bit wativer thoo dis, divvn't tell thi Mudder Ah gev ye them - she bleames ma fer ruinin' yer appetite ivvry teyme Ah cum roon'. Stick 'em in yer pockit," Ah ses, an' Ah gaas in ta hev a wurd wid Aggie.

Twas nobbut a week leater, Aggie co'd on hur way fra' t' shops. "Ah's nut stoppen " ses she; "Ah hev ta git heam afoor t' kids git oot o' scheul." She allus sed this, an' it meant nowt, as we aw knew she'd bags o' teyme. Sea, as t' wimminfwoak sattl't thersel's ta swop bits o' gossip an' scandal, Ah meynded Ah'd a bit ov urgent bisness weel oot ov earshot.

Mi pwoak ov aniseed bo's wes liggan on t' seydebwoard, an' Ah grabb'd at it widoot stoppan. Twes juist mi bad fortin ta knock it on tull t' flooer.

"Aniseed bo's," Ah explain't, on mi han's an' knees, scoppin' `em up fra' anonder t' seydebwoard.

"Se it wes thee!" ses Aggie, givin' me a leuk 'at Ah'll nut fergit in a hurry. "Ah should hev knawn! Ah put oor Mark's brutches i' t' weshin' machine o' Munda' mworn - an' ye should hev seen t' culler o' mi wesh!"

*** *** ***

CALEP STREYKES A BARGIN

Calep Huggin an' Chuck Wannop an' Tommy Wulson hed knocked aboot tagidder as lang as meast fwoak cud meynd: an' that was a gay queer thing, fer thoo nivver met three fellas mair unleyke. On'y teyme Chuck wad oppen his gob was ta ca' fer anudder pint - he was turrn't twelve 'eear afoor he spok a single wurd, an' that was when the' gat a new lass on t' Farm. Ah'll nut tell thi what he sed, bit t'lass left reet awa' widoot packin'. Chuck's mudder ses, fair maisled; "Eh, Chuck lad, thoo's spokken, an' we thowt aw these eears thoo was deef an' dumb." "Aw, ther's bin nowt wu'th crackin aboot up till noo," ses Chuck. Bit if he nivver sed ower much thoo cud tell he allus thowt a lot.

Tommy Wulson was t' lad 'at kep' things gaan; he hed a reed feace an' a reet blererin' laugh thoo cud hear i' t' nex' parish, an' , nivver meynd hoo bad things war, nowt cud git Tommy doon. T' eear t' cloodbust com - ye'll mebbe meynd it - Tommy was sittin on his reeaf wid t' watter swirlin' throo his yard lyke a river, an' Calep Huggin shoots ower fra nex' dooer; "Thoo'll hev lost aw thi chickens then, Tommy." "Aye," Tommy shoots back, "Bit t' ducks hes nivver hed it better."

Bit Calep was t'original chap 'at hed gitten farmers a bad neame fer grummelin'. Nea matter hoo gud a season it was, he wad be allus whingin' aboot summat, an he hed a feace ta match - lang, lean an' mis'rable; an' he was allus t' last o' t' three ta suggest owt 'at wad mean partin wid any brass, Ye ma' judge, than, hoo flommoxed Chuck an' Tommy war ya day when Calep gits hod o' them beath, his feace beamin', an' he ses summat leyke this:

"Ye mun beath com an' hev yan wid me."

"He's nick't i' t' heed, " ses Tommy, an' Chuck ses nowt bit seems ta think sea anaw. Hooivver, Calep steers 'em inta t' Ploo, an' vaneer causes a state o' emergency be cawin fer three double whiskies. Then he tells 'cm why.

It seems 'at Calep's hed t' best crop o' taties he's ivver hed - "Twelve ton till t' yaccre," he ses, "Aw furst rate anaw, nut a rotten 'un amang 'em. Ah thowt ther'd be sum catch in 't - mebbe ther'd be a glut er summat, bit Ah's just gat shut on 'em, 'an Ah gat top preyce. Sup up lads, an we'll hev anudder."

Ta fin' Calep gaan agean natur' leyke this was ower much fer Tommy, an fer yance he cud think o' nowt ta say. Tho' ye wadn't expect it, it was Chuck 'at put his feut in 't wi yan ov his rare speeches.

"Weel, Calep," he ses, varra slow, "Thoo'll hev nowt ta grummel aboot noo." Calep thowt this ower, an' seun t' smeyle left his feace an' it sattled doon intil its owd mis'rable pattren.

"Willn't Ah, hooivver," he shoots, putten doon his glass as if 't hed arsenic in't; "Wat the divvil is Ah gaan ta deu fer pig taties??"

*** *** ***

FAMILY MATTERS

Noo an' agean thoo'll see, i' t' letters in t' Cummerlan' News, sumbody writen in tryen ta trace ther fam'ly, an' whoapin' they'll fin' sum distant relative 'at knaws a bit mair 'n wat they deuh. A lock o' fwoak fin' this varra divartin'; bit me, Ah reck'n ther's nowt much ta be gain'd bi diggin' up t' past - seuner er later thoo's sartin ta fin' yan o' thi' fworbears poppin' oot fra t' wrang seyde o' t' blankit. Bit mappen Ah've gitten ta t' teyme o' leyfe whan Ah owt ta be leukin' t' udder way.

Awivver, we're nut aw aleyke - an' that med nut be a bad thing! Wat Ah wes gaan ta tell thi aboot wes, a 'eear er two back, sec a letter com ta t' nwotis o' a chap co'd Jake Bell. Jake hed leev't i' Bleckell Rwoad varneer aw his leyfe, an' nivver thowt o' movin'. T' letter wes fra a gadgie co'd Jim Huddart fra Soothen' on Sea; he wes axin' aboot his greet-gron'fadder, Jacob Huddart 'at he sed hed leev't roon' aboot Carel. Noo this rang a bell wid Jake; he minded his mudder hed hed sum Huddarts in hur fam'ly, an' she'd toak't gayly offen aboot hur Uncle Jacob. Sea he gits hissel' written till this chap.

That wes hoo it began, an' varra seun letters flow'd back an' forret, till Jake an' Jim war leyke auld marras. Jake varra quickly fun' hissel' tied up in his fam'ly tree, an' he wes yabble ta pruve 'at him an' Jim war swort o' cousins. (Jim hed bin bworn i' Carel, bit hed left fer t' Sooth when he wes just a bairn.)

Than, efter a eear er two hed geane by, Jake's readin' yan o' Jim's letters ower brekfas'. "Here, wat dist'a think o' this?" he ses ta Hetty, his missus. "Jim an' his weyfe's just off on a holida', an' he ses they'll co' an' see us a week a Freyda'. He ses they's gaan ta stay i' Carel owerneet, bit we're nut ta think ov puttin' them up at sec shwort nwotice - bit he'd leyke ta hev a leuk roon' Carel a' Setterda'."

"Ov coorse we'll put them up fer a cupple o' neets," ses Hetty. "Nea bodder aboot that . . . Wat'll thoo show him a Setterda'?"

Castle - Cathedral - Guildhall - an' owt else Ah con think on."

"Divvn't fergit ta tak him doon Rickergate," ses Hetty. "Ah'll warrant he's nivver seen a Magistrates' Cwort 'at leuks leyke a public lavat'ry afoor."

Jim an' his missus gat ta Bleckell Rwoad a bit leater 'n they'd thowt. Varra seun aw fower war crackin' awa', an' Hetty an' Jake left ther' visitors i' neah doobt that they war mair n' welcum ta stay a cupple o' neets.

"Did ye hev much ov a job ta git here?" axes Jake, "If Ah'd knawn seuner Ah'd 've gi'en thee a run-doon - Carel's nut th' easiest pleace ta git throo - bit Ah dudn't even knaw which way ye war cummin' in.

"When we got into the town we had to ask," ses Jim. "Even at that, we got lost twice over. To begin with, we came down a steep hill and over a bridge..." "Oh, bi Stannix," ses Jake.

"I don't know the names of your streets, of course," ses Jim, "But after the bridge we went round a big roundabout and past a factory . . ."

"Factory?" ses Jake, "Factory! Gor bon, YON'S OOR CIVIC CENTRE!"

*** *** ***

CAREL BI T' SEA

When ah wes a la-al lad, leevin' i' Carel, neaboddy went much furder'n Silloth fer ther Summer brek. i' July an' August, whan t' scheuls war off.

Silloth wes ca'd 'Carel bi t' Sea' - thoo could woak acrost t' Green an' meet ivvrybody thoo kent at heam. Meynd thoo, Ah've heeard it tel't 'at sum braave fwoak went till Allonby; an' Ah yance com acrost a gadgie 'at sed he'd bin ta Seasceale - bit this wes thowt ta bi furrin parts i' them daays.

Hoo dud we pot t' teyme in at Silloth, wid neah tellyvision an' nut even wireless? Weel, i' t' fworeneun we wad hev a bit santer roon' t' Docks leukin' at t'ships theer - best-knawn wes t' Yarrow, 'at sailed twice a week till t' Isle o' Man. Ah meynd two mair reg'lars - Albatross an' Kittiwaake; yance ower Ah mannish't ta git ax't abwoard yan o' them fer a leuk-roon', givin' me eneug ta brag aboot for manny a lang munth. Efter t' Docks, we'd hev a dander alang t' pier, hoddin' on tull oor hats, watchin' t' fishermen an' mappen writin' pwostcards i' t' laal shelter when we gat ta t' end.

T'main occipation i' t' efterneun wes gaan doon ta t' station ta see whea else wes comin' an' ta fin' oot if they war just doon fer t' rist o' t' daay or stoppin' till t' week-end. If ye wantit entertainment laid on, ther' wes t' Pierrots at Happy Valley, led bi David Fuller; Astor's 'Coronets' wes furder alang, just off Skinburness Rwoad; an' Ah nivver wes varra far off when t' Pictur' Hoose oppen'd.

Ah think ower t'eears we stayed i' ivvry street i' Silloth. Eden Street wes allus thowt ta be varra posh, bit ya teyme we capped this bi stoppen i' Lawn Terrace, owerleukin' t' Green. I' them daays ther' war nea supermarkets, bit whea needit sec-leyke things when yan hed Danny Wood's emporium? Noo an' agean mappen it did rain, bit wat Ah rec'lect meast is lang het daays, blew skies abeun t' Green dotted wid aw maks o' kites, paddlin' i' t' watter, an' gulpin' doon mi ice cream cwornet afoor it meltit an' ran doon mi ganzey. Whea could ax fer mair?

Bit Ah's boond ta admit 'at Ah gat a heed start on mi marras, accause mi uncle wes Silloth stationmaster; an' reet flaysum he leuk't in his nebb'd hat an' yards o' gowd braid on his jackit. Whenivver we war gaan back heam, hooivver many mair war travellin', mi Uncle Robert wad usher us up t' platfworm till an empty carriage an' lock us in; than he'd ga an' tell t' Guard ta be sure ta let us oot at t' udder end. It wes varra neyce ta hev a carriage till oorsel's, bit ah use't ta git a bit bodder't aboot wat we wad deuh an' whoar we wad end up if t' Guard fergot us at Carel! (He nivver did, mappen t' reilways wes mair efficient i' them daays).

A wes yance tel't a teall 'at dates fra sumwheer roon' this teyme, bit whedder ther's much trewth in't ah waddn't leyke ta say. It gaas leyke this: T' excursion train wes aw riddy ta set off fra Carel station when t' Guard fun' oot he'd dropp't t' pea oot ov his whussle. Weel, he woak't len'th o' t' train leukin' fer't, bit neah luck. Injin dreyver waddn't set off widoot t' proper signal; passengers wes gittin' mad an' singen "Why are we waitin'? Sea t' Guard hes ta tell em wat wes hoddin things up, an he axes if any o' t' passengers hes gitten a pea? At last, yan o' them finnds yan in his weskit pocket; bit he ses it's a split pea, will it deuh? T' Guard, fair chuff't ses it's t'varra dab. He pops t'split pea in an' blaws t' whussle - an' hauf o' t' train gaas oot!

***   ***   ***

MY FAMILY TREE

Ah've nivver bin yan fer diggin' inta t' past. Ah's flayt Ah med fin' a lock o' cattle russlers an' hoss-theives amang mi ancesters, sea Ah allus reckon it's best ta leeave weel alean. Aboot as far as Ah'll gaa back is ta mi Gronfadder, an' gox, bit t' owd chap could tell sum teals aboot **his** fadder - that wes mi Greet-Gronfadder - he wes a scheulmeaster, beath at Co-degeate an' Stannix. Yan o' Gronfadder's favouryte teals wes aboot Greet-gronfadder checkin' ower sum essays 'at t' lads hed writ. "Tut, tut," he ses, "Can any boy tell me what is wrong with this sentence?" - an' he reads oot: "Mother had just putten the baby to bed". Sharp as leetnin' ya laal lad shouts oot : "Please sir; he's gean an' putten `putten' whar he shud ha' putten `put'."

Yance ower (sed mi Gronfadder) a perfesser o' langwidges wes tekken a holida' i' these parts, an' he wes fair chuff 't wid oor mak' o' toak. He gat ta axin' fwoak he met aboot Cummerlan' wurds, an cappin' em' wid wurds **he** wad ha' use't. Bit he wes cap't his-sel when he axes a farmer wedder he wad say "eether" or "eyther". "E noo," ses t' farmer tekkin' his peype oot ov his mooth, ". . . Owther'll deuh."

Anudder day this perfesser gits up as far as Co-thet, hes a leuk aroon' an' ses ta t' first chap he sees : "Any great men born here?" "Nay," ses t' chap, "Nobbut la-al babbies."

Ah meynd yan aboot a farmer an' his missus 'at went ta market i' Carel wid ther hoss an' trap. The' hed a gey geud day, selt aw ther tackle an' com back wid a la-al bag fair brussen wid gowd sovrans. Awivver, on t' way heam, the' war stop't bi footpads, 'at threw em oot inta t' rwoad, meade 'em empty ther pockets an' sec-leyke, than druv off in t' trap, leeavin' t' farmer an' his missus on t' rwoad-seyde. T' farmer wes carryin' on summat awful aboot lossin' munay an' trap; bit t' missus, 'at hed niver let dab whel aw this hed bin ga-an on, oppens hur mooth aw av a suddin, an' widoot a wurd teks oot t' la-al bag ov sovreans 'at she'd popp 't in theer widoot t' footpads seein'. "Gor bun," ses t' farmer, "Thoo's a reet clivver lass ta think o' hidin' t' munny i' thi gob - if we'd nobbut hed teyme ta think aboot it we med ha' seav't t' hoss an' trap t' seame way."

Greet-gronfadder wes a gey gud cricketer - a lock o' bo's wes lost i' t' river when he wes battin' at Edenseyde. Aye, he wes a reet slogger; an' i' t' classreum his tactics war varra much t' seame. Mi uncle (his gran'son) telt me 'at when he com inta his class , t' owd lad wes sea fain ta show he hed nea favourytes - nea teacher's pets" - 'at if owt at a' went wrang he co'd mi uncle oot an' belt't seven bells oot o' t' peer lad. At t' finish it gat sea bad, mi Gronfadder hed ta traipse up ta t' scheul his-sel' an' play waar wid his fadder aboot t' way he wes clobberin' his own flesh-an'-bleud !

Thoo med ca' this teal a swort o' fam'ly legend. Great-gronfadder telt his lads ta write a essay on "My Fam'ly Tree". Ya breet lad gaas heam an' ses till his mudder: "Mudder, wheer dud Ah com fra'?" "Oh," ses Mudder, "T' doctor browt thi in his la-al bag," "An' wheer dud Dad com' fra'?" "Oh, the' fun' him anonder a geusegob bush." "An' wheer dud Gronfadder com' fra'?" "Oh' Ah wad say t' stork browt him." "An' wheer dud . . ." "That's eneuf - Ah cannot stan' here anserin' yer daft questins aw neet."

Sea this lad sits doon an' writes : "My Fam'ly Tree." Efter chowin' his pen fer a la-al bit, he gaas on: "Ah hev meade a lot of enquiries inta t' subject o' mi ancestry, an' fra' t' ansers Ah hev received Ah hev cum ta t' conclusion 'at, fer aboot t' last hunnerd 'eears, ther' hev bin nea natteral burths at a' in oor fam'ly."

Bit, leyke Ah sed, Ah darsn't ga back ony mair inta mi own fam'ly hist'ry. Thoo sees, Ah meynd on aboot t' fella 'at gat onta diggin' up his own past; he meade a reet job on't anaw. Aye, he reckon't at t' finish it hed cost him a hun'red quid. "Five pun', ses he, "ta **leuk** it up; ninety-five pun' ta **hush** it up."

*** *** ***

HOLIDAY PLANS

Ther' wes yance a teal aboot a gadgie 'at stop't at a fillin' stashin ta git fullt up wid petrol. Them wes t' days afoor this self-service carry - on, when t' garridge lad wad gie thi windscreen a bit wipe an' ax if ther' wes owt else he cud deu fer thee, sec as check t' oil an' battery levels, tyre pressures er owt o' that. Weel, efter he'd full't t' tank up, he ses how he'd nwotished when t’ chap pull’t in, his stop-leet wessn’t wurkin’. Sea t’ chap gits oot ta hev a deek pulls up in his tracks an’ ses, “Oh dear ! Oh dear ! Wativver’s Ah gaan ta dueh noo?” T’ attendant ses, “nowt ta wurry aboot, sir, easy eneuf ta fix a stop leet.” “Stop leet be jiggered,” ses t’ dreyver, “Whoar’s mi caravan?

“An’ anudder thing,” ses he, `Mi missus is in’t!”

Misel’, Ah nivver fancied pullin a caravan. Meast o’ t’ teyme Ah divvent fin it ower easy ta steer a car widoot hevvin’ ta bodder aboot a greet hulkin’ mass slitherin’ aboot aback o’ ma. Bit, a munth er sea afoor Ah pack’t mi job in, Ah gat ta thinkin’ hoo Ah’d hev a lock mair teyme on mi han’s - mair teyme fer hollida’s! Noo, mi lad, thinks Ah, wid a caravan thoo cud gah as thoo thowt fit, git awa’ fer lannger spells an’ less cost forbye. Thoo cud ga’ whoar thoo leyk’t an stop whoarivver thoo wantit ta. Only bodder wes, t’ missus leyk’t her meals meade fer hur on hollida’ - she reckn’t `at she spent eneuf teyme ower t’ kitchin sink at heame. Nea bodder theer - we’d hev oor main meal oot an’ nobbut fleaks an’ fruit fer brekfuss, biskies an’ coffee fer supper - an Ah cud mannish that!

Bit Ah still wessn’t feelin any mair leyke pullin’ a caravan. Hod on tho’ wat aboot a caravette - a dormobile? Meyn’d, it wad be a gay bit heavier ta drive ner a car, bit Ah’d seun git uset wid that. It wad hev ta be a secindhandit yan; a new un wad cost ower much - an Ah waddn’t cud mannish ta run beath a car an’ a dormobile, Ah’d hev ta git shot on t’ car an’ use t’ udder thing aw t’ teyme. Noo that med be orkard fer shoppin in t’ toon; bit theer agean, it wad just be a kease ov hills agean slacks - Ah’d just hev ta mek t’ best on ‘t.

Noo, Ah’d gitten aw this thowt widout sayin’ owt ta t’ missus. Nex’ few days Ah went ower it teyme efter teyme, seein if Ah could think ov owt at Ah heddn’t bargain’t fer. T’ upshot wes, Ah wes varnar sartin ’at ther’ wes nowt she could bring up ’at Ah couldn’t ans’er. Even shoppin’ i’ t’ toon, Ah thowt

Hooivver bad it wes fer parkin’, we’d hev nea bodder aboot dumpin’ parcels an’ grosseries, an’ unloadin when we gat heam. Nay, Ah reck’n’t Ah hed it aw swortit - Ah’d fergitten nowt.

Ah teuk mi teyme aboot tellin’ hur - an’ Ah will say this: she listn’t ta ivvrything, sayin’ nowt - an’ that’s nut leyke hur at aw! That’s it

Ah thowt ! - she's gitten t' messige. Bit reet efter Ah'd deun, she ses 'An hoo much wad this lot cost?' Ah wes reet flummoxt! Beleeve it er nut, that wes th' yah thing Ah heddn't weighed up!

"Weel noo," Ah ses, "Ah divvn't reetly knaw. That's t' bit Ah hevvn't hed teyme ta think aboot."

Sed she, "Suppwose thoo thinks aboot it noo."

"Weel - at a guess," ses Ah, "An', meynd on, it is nobbut a guess - bi t' teyme Ah sees wat Ah wannts bi wa ov a caravette, an' deus a deal wid swappin t' car . . . it could be, give er tek, mekkin' allooances, udder things beean equal . . . say . . . roon aboot . . . a thoosan' pun'."

Reet off t' belt-en' she ses, "Thoo can git a gay lot o' bed an' brekfuss fer that!"

An' that's hoo Ah nivver com ta run a dormobile.

*** *** ***

THE RECORD

It waddn't be reet ta say 'at Owd Stush wes a man o' few wurds - meastly he wes a man o' neah wurds at aw. Why he wes ca'd Stush neaboddy cud tell; t' neame on his pay packet wes E. Short, an' ah doot if even t' weages clurk knew 'at the E stud fer Eli.

Aw his wurkin' leyfe Stush hed bin on' t' railwa', an' nearhan' aw that teyme he'd ligg'd in t' seame signal box; neaboddy could say just hoo lang. He leyk't things as they war an' if ivver ther'd bin any move ta prise him oot an' intill anudder job, he'd mannish't sum rwoad ta stop whoar he wes at, brewin' up an' suppin' tay t' day bi t' lenth, forbye movin' a lever noo an' agean.

T' lanngest speech he ivver meade (afoor his retirement, that is) wes in t' Dog an' Duck ya neet - it med hev bin a gay lang teyme sin', cos ther' wes still a fent whope 'at he med stan' a roon' noo an' agean, asteed o' just "stannen' aroon". "Thoo knoas, Stush," ses laal Spuggy Green, winkin' at t' assembled cump'ny; "Brass wes meade ta ga roon'." "It wes nut!" ses Stush, "T'was maed flat ta stack.

Stush hed nivver gitten weddit, bit he'd neaboddy bit hissel' ta bleame fer that. T' widda' Wulson 'at leev't ower t' way, wes willin' eneuf, bit sum rwoad ur udder he nivver gat roon' ta axin' hur. She did his bits o' weshin' an' clean't up noo an' agean, bit gat varra laal back fer aw hur bodder. Teymes she flang oot a brwoard hint aboot two leevin' as cheap as yan, bit it just boonc't off Stush's thick heyde - an' at t' finish she'd aboot gi'en up.

An' sea t' eears went by, wid Stush gaan back an' forret til his signal box, suppin' en'less mugs o' char an' gitten on wid his job atween teymes. Then ya day he gits a reet sneck-posset - ther's a letter tellin' him he's due fer retirement an' he' ta present hissel' at Carel station nex' Tuesda' at fower. Ther's summat else in t' letter aboot a 'record' 'at Stush cannot mek owt of, sea he shows it ta t' widda. 'Leuksta,' he ses.

She pops hur glassis on an' reads t' letter throo, careful. 'They're gaan ta gi'e thee a recoord," she ses.

"Ah've nowt ta play it on," ses Stush.

"Thoo'll hev ta mak' a speech," ses t' widda.

Stush ses nowt bit t' thowt o' t' speech bodders him frae then till Tuesday.' Drist iv his bes' suit, he gits hissel' ta Carel station, an' inta t' stationmeaster's offis. Aw maks o' fwoak ur in theer, sum fra' heed offis, an' it leuk't leyke Stush's retirement hed shakken t' railwa' till its foondations. Drinks wes pass't roon', an' Stush fun' hissel' hodden a laal sip - gor bun, bit it hed a kick leyke a cuddy! He's just gitten ower this when yan o' t' brass hats gits up an' starts ta mak a speech.

Stush losses him efter t' furst few minutes. He couldn't see t' recoord; thinks he mappen they'r keepin' it anonder t' desk. He pull't hissel' tagidder just in teyme ta hear t' gadgie say 'at they heddn' bin yabble ta fin oot just joo lang Stush hed wurk't in t' seame signal box, bit they thowt it mus' be a recoord, an' wad he accept this watch wid th' Railwa's compliments.

Owd Stush gits till his feet, pockits t' watch, an' meks his speech. 'Mappen fortty eears i' ya box is a lang teyme, bit Ah'll bi 'elluva seet lannger in t' next 'un,' he ses, an' sits doon.

*** *** ***

JWOHN ENNERY AT THE BARBERS

This teall's bin telt in sea many ways an' aboot aw maks o' fwoaks, it's heigh teyme sumboddy put t' recoord streit. Sea that's wat Ah's gaan ta deuh reet noo.

Jwohn Ennery Parker wes bworn an' bred at Nether Banton, an' nivver mannish't ta git hissel' varra far fra' heam. Com ta that, i' them days neeboddy thowt aboot gaan much furder 'n Blackpool an' sec spots fer ther hollidas, furrin travil wes consider't a rayder risky pasteyme; bit fer sum reason (divvn't ax mi wat) John Ennery gits wat's co'd "itchy feet". Thinks he, it's t' seam thing day efter day, an' if Ah divvn't git crackin' noo Ah nivver will. Sea he meks his Buildin' Serciety accoont leuk sworry fer itsel' an' beuks a trip ta furrin parts. Last ov aw, afoor he teks off he hes hissel' a trip inta Carel to git his hair cut.

He allus went till t' seame pleace, ta owd Sam Sleater' barbershop doon Botchigeate. When he's sitten in t' chair, gitten powd, he tells Owd Sam ta mek a proper job on't, seean he's gaan off ta Italy.

"Why Italy?" ses Owd Sam, "Wat's com ower thee? Ah'd bi flayt ta deeth ta ga ta sec a spot as yon."

"Oh, ther's lots ta see theer," ses Jwohn Ennery. "They tak' ye roon ivvrywhoar, sea's ye divvn't miss owt. It's meastly roon' Rwome an' th' bit Ah's leukin' forrard till meast ov aw is t' Vatican. Ah'd leyke varra much ta hev a bit crack wid t' Pwope, sea Ah've putten mi neame doon fer a Haudience."

"Nea chanct o' that," ses owd Sam. "Thoo dissn't knaw wat t' croods is leyke theer; if thoo nobbut gits on ta t' Square thoo'll be lucky. An' fra' theer tho'll see nowt bit a laal figger on t' balcoany waavin' his arrums aboot. Bit suppwose thoo uses thi' elbas, an' mannishes ta git hawf way up t' Square, thoo'll still be a lang way off - an' even if thoo gits as near as t' yetts (an' thoo willn't!) thoo'd nivver i' creashun git nea furder. Them guards is aw aboot seven fit taw, allus on t' leukoot fer fwoak leyke thee. Bit let's think 'at fer yance t'guards is aw leukin' t' udder way, an' thoo scraffles thisel' inta't Pallis - Gor Bon, yon spot's thrang wid Cardinals an' sec-leyke, aw theer ta pertect ther' gaffer. Divvn't think fer a minit, lad, 'at thoo'll git ta chow th' fat wid t' Pwope - thoo dissn't stan' a chanct."

“Weel, Ah’ll just hev ta deuh best Ah can,” ses Jwohn Ennery; an’ off he gaas.

Aboot a munth leater, Jwohn Ennery pwokes his heead roon’ Owd Sam’s dooer. Sam’s nut aw that thrang, an’ varra seun it’s Jwohn Ennery’s turrn ta git powd.

“Weel noo,” ses Owd Sam. “An’ hoo dud t’a git on?”

“‘Twas varra eddicash’nal,” ses Jwohn Ennery wid a bit smurk.

“Thoo’d git on ta t’ Square, leyke as nut?”

“Oh aye; nea bodder.” “Reet at t’ back, nea dooubt?”

“Nay, Ah mannish’t ta git weel up, nowt easier.”

Owd Sam thowt this ower; than he ses: “Wat aboot t’ guards , than? The’d stop thee, nea dooubt?”

“Nut at aw,” ses Jwohn Ennery, “When the’ see mi tryin’ ta git throo, fower on ’em forrm’t a escort an’ gat mi inseyde t’ Pallis.”

“Bit than thood’d nivver git past yon Cardinals?” ses Owd Sam.

“Cardinals wes champi’n” ses Jwohn Ennery. “Yan on ’em gev mi a leetnin’ toor o’ t’ Pallis - Ah think he wes t’ heed bummer; he hed t’ rest o’ t’ Cardinals scutterin’ roon at a wurd. He telt mi wat ta deu when Ah met t’ Pwope; in pertic’ler when he held his han’ oot ta mi Ah wes ta be seur ta bend forret an’ kiss his ring, than he wad gie me his messige.”

“Thoo’s tellin mi thoo gat ta see t’ Pwope as easy as that?” ses Owd Sam, droppin’ his sisthers on t’ grun”. “It’s nut possable!”

“Trew as Ah’s sitten’ i’ this chair,” ses Jwohn Ennery. “Bit hod thi whishat, thoo’s heeard nowt yit . . . Efter gaan roon’ t’ Pallis Ah gits ussher’t inta’ t’ Pwope’s preyvit quaarters. He gits reet up off his chair an cums accrost t’ reum ta meet ma, an’ ses, i’ varra gud English:

“Jwohn Ennery Parker fra’ Nether Banton, Ah’s reet glad ta meet thi - an’ he hods oot his han’ wid t’ ring fair sheynin’ on yan ov his finngers, Ah fergit which ’un. Meyndin’ wat t’ heed Cardinal hed telt ma, ah lean’t forret ta kiss t’ ring - an’ that’s when t’ Pwope gev mi hiss messige.” “An’ wat dud he say?” axes Owd Sam.

“He ses: ‘Wat a elluva haircut thoos gitten theer. Ah thowt Owd Sam Sleater wad ha’ pack’t it in lang sin’”.

***   ***   ***

JWOHN ENNERY'S JOB

"Weel, noo, Jwohn Ennery," ses Jonty, "Hoo's things gaan wid ye these deays?"

"Gaily weel - cuddn't be better," replies Jwohn Ennery. "Plenty o' wark; Ah'd say t' boss'll be tekkin a few mair hands on seun."

"It's summat ta hev a stiddy job these daays," ses Jonty. "Let's see, thoo'l hev bin wid owd Smithy's set up feyve er six eear noo, ivver sin thoo left scheul. Wat siccan a feller is he ta wark fer?"

"Neebody better," ses Jwohn Ennery. "Fill em up agean an' Ah'll tell thi." - "Thoo kens feyne (ses Jwohn Ennery) owd Smithy's leyne o' wark. An he's a chap 'at teks a real hint'rest in aw his wurk fwoak. An' he's gay weel thowt on; meast on us wad deuh owt fer him. F'rinstance, thoo med bi varnar throo a job bi knockin'-off teyme, an' thoo thinks 'at mebbe anudder ten-fifteen minnits 'd see it throo, sea thoo carries on wid it, wid nea thowt ov owerteyme. Alang cums Smithy. "Wat's thoo at?" ses he, an' thoo tells him. "Ah'll gie ye a han' - he ses, an' atween ye th' job's seun deun.

"Ist'a deuan owt taneet?" axes Smithy. "If nut, Ah've gitten summat on Ah cud deuh wid a bit help " Weel, he teks ye roon' t' cworner ta t' la-al caff ta git a beyte ta eat, than back ta wark. Efter a bit Smithy ses, "We can deuh nea mair here; t' rist o' t' peaperwark's at heam. Can t'a cum roon' theear? T' missis's away visitin' hur owd mudder, sea we'll nut be nea bodder ta neeboddy."

Sea off ye beath ga ta Smithy's pleass. Thoo gits sea much intill t' wark 'at it's gitten on fer midneet afoor thoo lets up. Ses Smithy: "Sworry it's tean sea lang. Ah cud run ye hyam, bit it's varra cowd oot wat say ye stay t' neet?"

Sea thoo stops on - a smashin' big bed an' a spare set o' Smithy's pyjammas. An' in t'mworn, when thoo wakkens up, thoo finns a twenty pun' nwote on thi pilla. ....

"That's soonds aw reet," ses Jonty, as Jwohn Ennery finish't his teall. "hes that offen happen't ta thee?"

"Nay, nut ta me," admits Jwohn Ennery, "Bit quite a few teymes ta mi sister."

*** *** ***

KURK FLEAS

Nea dooubt thoo's heeard it sed o' sum fwoak wid varra laal o' this warld's gear, 'at the' war "peur as kurk mice". Bit that's nowt at aw ta t' state o' t' kurk fleeas. Ther' wes nobbut twea ov 'em left, t' teyme Ah's tellin' on - mudder fleea an' dowter fleea. The' leev'd in t' back pew o' this kurk, way back o' beyont; an' things wes that whiet, varra few fwoak ivver set fut in t' please. Gey offen beath mudder an' dowter dudn't knaw whoar ther' nex' meeal wes cummen fra'. T' son-an-heir hed left 'em lang sin ta seek his fortin, an' t' las' the'd heeard o' him, he wes deuhan varra weel fer hissel' in a transpwort caff.

Noo, t' laal dowter wes a lang way off beein' satisfied at t' thowt o' spendin' t' rest ov hur days in sec a spot as yon kurk, an' ya cowd winter's neet she ups an' ses: "Mudder, Ah's fair worrn oot waitin' fer summat ta happen. Wes it allus leyke this?"

"Nay, mi lass," ses Mudder. "When Ah wes thy yage ther' wes allus summat gaan on. Eeh, noo, hoo weel Ah meynd t' greetes' day o' mi leyfe - t' day t' Bishop com ta tek a sarvice. Days afoor, ivvryboddy wes dustin an' cleanin' - an' neaboddy cud toak aboot owt else bit t' Bishop! Noo Ah'd nivver clapt eyes on a Bishop afoor - an' thinks Ah, Ah'll git misel' a grandstand' seeat.

"Sea varra furst thing on t' greet day, aboot six-ov-th-clock, off Ah startit, hoppin' alang fra ya pew till t' next un. Ah teuk mi teyme (Ah'd a packed lunch wid ma), bit afoor Ah'd gitten hawf way theer, t' spot began fullin' up, an' Ah'd ta deuh a fair bit o' lowpin' this way an' that ta stop misel gitten sat on - sec wark it wes! Bit Ah meade it at last - cuddn't hev teym't it better - theer Ah wes, sittin' on t' edge o' t' lectren t' varra seame minnit as t' Bishop com' forret fra' t' vestry.

"Gor bon, wat a feyne figger ov a man he wes - Ah've nivver seen his leyke afoor er since! Ta croon aw, he liftit his reet han' ta bless aw t' fwoak - includin' me - an' this wes ower much! Paggert as Ah wes, Ah t'pull'd off t' lectren reet on till his wrist en' crowl't up his sleeve . . .

"An thatt, mi lass, is hoo Ah met thi fadder!"

*** *** ***

LEYFE-SEAVVER.

Ah divvn't know if thoo's ivver nwotish't hoo two fwolks in t' seame situat'n 'll com oot wid two varra diffrunt tealls. Leyke, ther's a howd-up in a Bank, an' ye'll git discript'ns that far apart as ta be nea use at aw ta t' pollis er anybody else. This could hev a lot ta say aboot hoo the yuman meynd warks under stress. An' hoo offen in a coort ov law hev two ee witnesses gat up an' telt an opposyte teall yan fra' t' udder? An' Ah've nea dooubt, at aw 'at each 'un wes sartin he wes reet, an' t' udder 'n wes leein' his heed off.

Summat o' t' swort happen't ta me yance. This is hoo it startit off: Yah neet Ah wes deuhan a bit o' teydyin' up, an' Ah com across a laal bundle o' snaps tean aboot 1929 er thurty. Th' pleace wes Keswick; it wes a campin' holida' an ther' wes fower on us - me an' Joe , Alan an' Ernie. Ah leuk't throo t' photos, an' laffed a bit ta see us tryin' ta leuk leyke hardy ootdooer gadgies; tho' Ah'd neah recollect'n ov climmin' owt bigger'n Catbells aw that week. An' Ah divvn't knaw why we thowt we'd leyke a dook i' t' sea hawf-way throo t' holida' , bit aw fower on us teuk off on Ernie's motor-beyke - two on us i' t' seydecar an' t' udder reydin' pillion. As Ah went on leukin' throo t' snaps t' eears rowl'd back, an' it seem't nobbut leyke las' week. That wes t' end o' mi teydyin' up !

Seun efter this, Joe wes ower on hollida' fra' furrin parts. Uv coourse we gat natterin' on aboot owd teymes, an' when, Ah meynded him on aboot the Keswick camp, he ses: "Aye, it wes a gran' week, bit that ca' at Allonby could hev endit in tragedy."

"Hoo's t'a mek that oot?" Ah ses.

"Git on wid thee, thoo's nivver fergitten?" ses Joe, "If it heddn't bin fer thee, t' rest on us could ha' bin drooned." Noo Joe's allus hed a rare sense o' fun, sea Ah wes sartin he must be kiddin'. "Ga on, tell us aboot it," Ah ses.

"Teyde wes cummin' in, " ses Joe. "We dudn't ga varra far oot; nin on us bar thee could swim. We hed t' whol pleace till oorsel's, an' we nobbut laik't aboot, meastly splashin' each udder, nut much mair 'n knee deep. Bit when it wes teyme to give ower, we heddn't bargin't fer t' teyde cummin' in aback on us - as it dis in sum spots on t' Solwa'. Sea as we woak't oot, asteed o' gitten shallower, t' watter wes deepenin', en' gey seun we wes aw up till oor oxters. Ernie thowt 'at his last day hed com, an' he starts gollerin' aboot hoo sworry he is he heddn't led a better leyfe. An' that's whoar thoo teuk ower. Tellin' Ernie, sharpish, ta hod his whisht, thoo gat us ta link arrums. Thoo ses ta hod oor chins up, divvn't git flait, this is t' warst bit. It willn't git much deeper, bit just keep thi gob shut an' try ta boonce up an' doon on thi taes. . . Mappen it wes just a few yards, bit it seem't ta me leyke hawf a meyle, an' than we war gaan upbank: Thoo couldn't fergit summat leyke that, could's 'ta?" Ah sed nowt.

As seun as Ah could, Ah gat misel' roon' ta see Alan. Ah tel't him Ah'd bin toakin' ta Joe aboot that dook at Allonby, an' ax't him wat did he meynd on aboot it? Min, Ah wes fair flummox't when he telt mi t' seamne teall as wat Joe hed. "Ah wes a bit pot oot when Ernie crack't up," he adds. "Him in t ' Scouts aw them eears; yan wad ha' thowt he'd ha' larn't mair aboot hoo ta cwope in a crisis. Meynd thoo," he ses, "Ah wes gitten a bit flait misel! Bit Ah knew gey weel thoo could git us oot on't; sea wat med ha' bin serious endit up wid ivvrybody in ya piece."

Ah wad ha' check't up wid Ernie, bit he's passt on till anudder pleace. . . . Nay, he's nut deead; he's geane ta leeve i' Leeds . . . t' seame thing, thoo ma' think! Nivver heed, Ah'd gitten t' seame teall fra' two fwoak, sea. ther' must bi summat in't. An' fra wat th' beath o' them sed aboot Ernie, chances are he waddn't much leyke to be meynded on.

Bit this is t' queeres' bit aboot t' whol' thing - mi maynd's a complete blonk! It cannot hev seem't ta me varra important; we cannot hev bin in any danger at aw, acause Ah can tell thi, courage in t' feace ov danger's nut my cup ov tea; meast ov mi marras wad say Ah was mair ov a devout coward ner owt else. Sea Ah's mair 'n sartin 'at if ther'd bin any fancy-wark in th' leyfe-savin' steakes on that efterneun at Allonby aw them eears agone, Ah'd be t' varra furst ta bi shootin' aboot it.

. . . Ah suppwose it's ower leate ta apply fer a medal?

*** *** ***

LOST ON "T' BAND"

Yance - Ah divvn't knaw just hoo lang sin, bit Ah con tell thi Ah wes a gay bit mair lish 'n wat Ah is noo - Ah hed misel' a week i' Borrad'le. Ah put up at a knacky laal spot i' Rossthet wid a lock o' woakers, artists, an sec-leyke. Ah'd nobbut ya thing i' meynd fer that week, an that wes ta clim' Gavel - a clim' ah'd nivver deun afoor - bit th' way it wurk't oot, t' clood wes doon till aboot th' thoosan' feut mark; an' it stopt that way aw' week. An' as Ah nivver did see ony percentidge i' scrafflon' aboot in t' rowk, seean nowt, an' chance gitten lost er fo'en doon a rock-feace an' brekkin' summat (mappen mi neck!), Ah spent meast o' t' week on t' valley flooer, seean sec spots as t' Bowder Stean, Graange, Seatoller, Waten'lath, an sea-on.

Bit ther' wes a gadgie theer 'at went off bi' hissel' ivvry day, away ower t' tops. His neame wes Barrett, an' sea lang as he could clim', rowk er nut, he wes a happy man. Ivvry neet when he com' back he telt us aw whoar he'd bin; he did t' Pike, Gavel an' Ah divvn't knaw wat else - bit when Ah ax'd him wat he'd seen he ses: "Nobbut gray mist." Bit t' thurd er fowerth neet when he gat back a deal laeter 'n expectit, he leuk't fair paggert. We'd ta deuh a lock o' probin' afoor we gat him ta own up 'at he'd gitten hissel' lost. On Lobstun Band, ov aw pleaces!

Ah suppwose thoo knoas whoar Lobstun Band is, an' thoo'll nut fin' it easy ta mek' oot hoo onybody could loss ther'sels theer. If thoo dissn't knaw whoar 't is, just lissen an' Ah'll tell thi. Just suppwose thoo's startit oot frae' Kessick bit t' West seyde o' Darrenwatter ta clim' Catbells. Than thoo keeps alang t' ridge, gaan Sooth t'wards Borrad'le, wid Newlands doon ta thi reet. Thoo gaas reet ower Maiden Moor an' Narra Moor, than thoo dropps doon till a biggish flat bit - an' that's Lobstun Band.

It's leyke beean at sum crossrwoads - thoo can deuh t' three tops at t' heed o' Newlands er ga doonbank. T' udder way taks ye doon into Borrad'le, an' ther's locks ov udder spots thoo can git till anaw.

Noo Ah divvn't just knaw whoar Barrett wes cummin' back fra', bit he gits on ta t' Band, an' just wid that t' clood cums doon. Sumhoo he gits hissel' flummox't; he turrns roon' yance ower offen - an' asteed o' finnin' hissel' gaan doon t' Borrad'le track, he's gaan upbank! "Nay", ses he, "That's nut reet - Ah mun bi gaan up Daale Head." Sea he tries t' udder way; seun he's gaan doon awreet, bit when he gits anonder t' clood he fin's hissel' gaan Newlands way. Bi this teyme he dissn't knaw his heed fra' his elbah, sea he gas back an' sits hissel' doon ta chow things ower He cannot mek it oot - nowt leyke this hes happen'd ta him afoor - him, 'at nivver gaas oot widoot his map an' whussle an' compass . . . COMPASS!! Wat a feul nut ta hev thowt o' that afoor! He ratched in his rucksack, gits them aw oot an' it taks him nobbut hawf a minute ta git a bearin'. Fer aw that, he still connot fin' t' path doon ta Borrad'le an' he finishis up bi' floonderin' doon a wattercworse, an' gaan `base ower apex' (his own wurds) mair 'n yance an' gitten a bit dampish forbye.

Weel, we aw hed a bit laugh, an' Barrett hissel' joined in - mappen a laal bit sheamface't. Than yan on us meynded on aboot his nameseak th' shoemakker fra' Northampton er sum sec spot, 'at allus telt ivverybody in his advurts ta "Walk the Barrett Way." Nin on us felt leyke deuan that! Bit Ah'll tell thi wat - fer t' rest o' t' week neaboddy ivver menshon'd Lobstun Band bi neame. We'd fun' anudder naeme fer that spot - an' even efter aw these 'eears Ah allus think ov t' Band as "BARRETT'S FOLLY".

*** *** ***

SILVER WEDDING

Summat wes bodderin' Fred Smith. He'd bin weddit ta Susie fer varnar twenty-five' eear, an' Susie wantit ta knaw wat he wes gaan ta deah ta mark t' occashin. T' trouble wes, he couldn't think of owt cheap eneuf- he'd nowt in t' bank, an nea whope ov owt turrnin' up. An' than, quite bi chance, he sees in his mwornin peaper 'at a hoss co'd `Silversmith' is runnin' nex' day at Epsom. 'Sumboddy up theer's tryin' ta tell me summat,' ses he till hissel an', widoot lettin' on till Susie, he gits hissel roon till t' bettin' shop an' puts ten pun on't. Sure eneuf, it romps heam at thurty-three ta yan - an' Fred's laffin'.

His next step wes ta git hissel a few days off fra' wurk; an' nut till than did he tell Susie they wad be yabble ta celebrate widoot brekkin' t' bank.

'Weel,' ses Susie, 'Thoo kens fine whoar ah'd like ta be at' . . an' when Susie toak't in t' owd lingo, Fred nivver dooubtit wat wad best suit hur. They'd bin stuck doon in t' Sooth fer 'eears on account o' Fred's wark, bit they'd nivver lost ther leuve fer t' pleass o' thur burth.

"Tell thi wat," ses Fred, "We'll stop at yon pub 'at Sammy Telfer wes gaan on aboot . He reck'ned it wes summat spechul; a few meyle fra' neawhor, bit a gran' center fer t' Eden Valley, an' nut sea far off t' laakes an' t' Rwoman Wo' forbye." Sea Fred rings up an' beuks 'em ita this spot. "Gi'e us t' best reum in t' pleass, an' nivver heed t' expense," ses he.

Bit when th' gat theer, the' couldn't believe it! It wes aw 'at Sammy Telfer hed sed - an' mair! Toak aboot t' lap o' luxury, a bedreum hoaf t' size ov a fitbaw fiel', wid a greet fower posster bed in t' middle; an t' bathreum - they nivver seen owt leyke 't afoor. It hed a big roon' bath 'at they could beath git lost in, wid gowd-pleated taps, fancy leetin' an' sec leyke, a few gadgets aroon' t' pleass 'at they'd nivver seen afoor, forbye mirrors fra' flooer ta ceilin' alang t' wos. At furst they war beath a bit flayt, but they dudn't tak varra lang ta git uset till it - an' aw t' teyme they war on holida', hooivver much they enjoy'd ther days oot, t' bathreum wes t' bit they meast leukt forret till.

T' last neet com ower seun. "Thoo knaws," sed Fred, "When we git back, they'll nivver believe we stopped in sec a spot; . . . . Ah knaw wat," he gaas on, "Ah'll tek a photo o' thee sitten in t' bath."

"Thoo nivver will," ses Susie, sharpish, 'Ah's nut mekken a spectacle ov missel fer t' benefit o' t' neebors." "Thoo's nowt ta be sheam't on," ses Fred, "Hes t'a ivver heeard mi complain? Hooivver,"

Susie thowt this ower, an' ses, a bit dootful, it med be awreet, they'd just hev ta see, bit he wasn't ta deuh nowt till she gen him t' wurd. She gits inta t' bath, wurks t' foam till she thinks it's reet, ther's varra laal mair ner her feass ta bi seen, than she tries liften a leg up. "Champion!" ses Fred, "Hod it reet theer!" - an' he gits ta wark wid his camera.

A bit efter ther holida' wes deun, ther photos com back through t' posst. Susie oppen't packit an' starts gaan through them yan bi yan, passin' 'em ower ta Fred. They war aw good 'uns: Fred wes a reet dab han' wid a camera, an' Susie lets him knaw hoo chuff't she is wid t' quality o' t' prints, summat ta meynd her on, she ses, ov a smashin' hollida'.

Last ov aw, she cums till t' bathreum picter. Widoot a wurd, she hands it ower - Fred gi'es it t' yance ower, than he leuks at Susie; Susie leuks back at Fred, than they beath faw aboot laffin' fit ter split!

Leyke aw t' udders, t' picter was vannar purfec' - bath, foam, Susie smeylin, wid just her feass an' ya leg showwin'. Bit wat nowther o' them hed bargained fer wes Fred's reflecshion in t' mirror on t' far wo' - weearin nowt bit his camera!!!

*** *** ***

SPUGGY AN' T' DOCTOR

Thoo'll knaw laal Spuggy Green as t' lan'lword o' t' lwocal, bit this teall gaas back till t'teyme he wes nobbut a laal lad. Holly Cottige i' t' middle o' t' villige wes whoar he leev't wid his fadder an' mudder, Alf an' Sally; teyme Ah's toakin' aboot, Spuggy wes three 'eear owd, reysin' fower. His real neame wes Spencer, bit even i' them days neaboddy co'd him owt else bit Spuggy. He'd bin kersen't Spencer efter an owd uncle 'at wes thowt ta hev a teydy bit o' brass stack't awa' - bit if he hed, they nivver seed nowt on't; t' mean owd skinflint nivver even com ta t' kersnin'.

Spuggy wes a feyne laal feller, soond i' wind an' limb, an' o' theer . . . weel, a'meast o' theer: ther' wes just ya smo' bit ov his anatomy 'at - hoo shal Ah put it? - wesn't wheyte up ta t' mark, if thoo gits mi meanin'. I' fact, com a cowd frosty mwornin' it hed a knack o' varneer gaan absent widoot leave, an' even i' midsummer it wes nowt ta crack on aboot. Alf an' Sally beath kep' on whoapin' it wad com reet, bit it nivver did.

"When he gits ta scheul," ses Alf ya neet, "He'll leyke eneuf git sum publicity 'at he cud varra weel deuh widoot. Them laal lasses'll mek his leyfe a misery. "Thoo'd best git him till t' doctor," ses Sally, "An' t' seuner t' better." "Why me?" ses Alf, "Why connot thoo tek him - thoo's gitten mair spare teyme ner me.

"It's a man's job," ses Sally, "Thoo con toak aboot secleyke things better 'n a woman-body."

Efter chowin' th' fat a bit mair, t' upshot wes they beath went, wid Spuggy trailin' ahint, wishin' he cud bi playin' marvels.

Noo mappen ye'll meynd on 'at t' Doctor i' them days wes owd Doc. Robbison. Ya thing he leyk't abeun owt else wes a bit ov a laugh; sea when Alf an' Sally, efter a deal o' splutterin', gat ther' teall streight, 'twas aw he cud deuh ta keep leukin' serious.

"Weel noo," ses he, "We'd best hev a bit leuk at him." He ratches in his desk fer his magnifyin' glass, bit on secind thowts he decides it's mappen a job fer owther a stethescwope er a microscwope. At last he gits his inspection deun, an' then he tells 'em, still wid a lang feass, ther's nut a lot he can deuh - transplants isn't easy, an' ther's nut o' that many donors aboot. Bit hod on, he ses, ther's a gud owd country remedy 'at's weel spokken ov - nowt mair 'n a cupple o' gud thick sleyces o' twoastit broon breed wid lashin's o' best farmhoose butter, tean at breakfas' teyme ivvry mwornin'.

"Cush, Doctor, is that reet?" ses Sally. "Nivver fails," ses t' owd Doctor, "Good mwornin'." — — — —

Sally hes young Spuggy oot o' bed, i' recoord teyme nex' mwornin'. "Cum an' git thi twoast," shc shoots. T' laal lad cus doonstairs an inta t' kitchin an' couldn't beleeve wat he saw. In t' middle o' t' teable wes t' biggest heap o' broon twoast he'd ivver seen, varneer hawfway ta t' ceilin', steamin' awa' an' fair drippin' wid best butter.

"Oh mam, mam," he set off gollerin', "Ah'll nivver meannish ta eat aw that lot."

"Hod thi whisht!" ses Sally, sharpish, "Git thisel' twea sleyces fra t' top. T' rest on 't 's fer thi fadder!"

*** *** ***

SWEET DREAMS

Ther's a teall `at's gaan t' roons aboot a cuppl a gaddies at leeve at Nether Banton - Dicky Duff an' Gwordie Arrmstrang. Aw ther leyfe the'd bin marras; the' startit off at t' villige scheul on t' seame day, went on ta t' bigger scheul at Cawston, an' left at t' seam teyme. Dick gat fixt up wid a job wid Owd Fargy o' t Croft an Gwordie was tean on bi t' Posst Offis i' Carel bit he still mannish't ta ga on leevin in t' villige bi gaan ta wark on his motorbeyke. Beath lads weddit villige lasses aboot t' seam teyme, bit fer aw that the' still mannish't ta git tagidder noo an' agean, an sup a pint apeice at t' lwocal. '

See t' eears went by, fam'lies com an growwed up - an' a'meast afoor thoo could coont till ten, middle-yage hed owertean 'em. An' wid it com thon calamity co'd "middle-yage spreead". "Gox, lad," ses Gwordie yan Setterda' fworeneun, Hoo lang is't sin' thoo catch't seet o' thi feet?"

"Leuk whea's toakin"' ses Dicky, "Hes t'a leuk't at thisel' in t' glass leately?" Gwordie laffs this off; bit he gits ta thinkin' a bit leater `at his best suit hed bin gitten a bit ower tight: an' when he gits heam an' hes hissel' a bit deek in t' bedreum mirror, thinks he, ther's nowt else for't, Ah'll hev ta deuh summat aboot it . .

Noo it wurk't oot 'at th' twea pals dudn't meet fer a cupple a' week - an' when the' did, feace ta feace, Dicky pull't up in his tracks, fair flummoxt, "Loavin' days," ses he, "Thoo's nobbut hauf th' man thoo wes! Hoo did ta git shot on aw thon surplus?

"Easiest thing Ah ivver deun," ses Gwordie, "Ah went ta see owd Doctor Jack, an' he tells ma he's just gitten hod ov a wunder cure fer fwoak sec as me. He gies me hauf a dizzen pills an' ses ta tak' yan at neet afoor Ah gaa ta bed, When Ah gits heam Ah taks t' furst `un an' gits reet ower ta sleep . . . an' theer Ah is, on a desert island wid neaboddy else theer bar a luvly bit native lass weerin' nowt bit a grass skurt! Ah spent t' wholl neet chessin hur roon t' island; meynd thoo, Ah nivver catch't up wid hur, bit t' exercise must ha' deun mi a wurrld o' good! Seam dream ivvry neet fer a week - an see wat it's deun fer ma."

Dicky ses nowt bit t' furst chanct he gits, roon he traipses ta t' Doctor's, gits hissel fixt up, nea bodder. Bit a week leater he's knockin' on t' doctor's dooer, feightin' mad. "Them pills ye gev me ," ses he.

Ah wad say the've deun th' trick," ses Doctor Jack. (He wes Cummerlan' bworn an' bred an' toak't t' seame way as wat we deuh). "Thoo's lost a stean at least, Ah reckon "

"That be hing't fer a teal!" shoots Dicky, "Ah've nivver bin se flayt in aw mi leyfe! Ah taks furst pill, gits reet off ta sleep. . . an' theer Ah is on a desert island, gitten chesst aw neet bi a hunngery pack o' cannibals wid arrers an' spears an' steans an' Ah divvn't knaw wat else. When Ah woke up i' t' mworn Ah wes fair sweatin' an' pantin'. Yea neet wes bad eneugh, bit it wes t' seame neetmare aw week."

"Bit thoo's gitten thi weight doon," ses Doctor Jack. "Efter aw, that wes t' object, ov th' exercise. Ah reckon `at t' treatment's bin a greet success."

"Success bi hing't!" gollers Dicky. "Why th' deuce an' hangment should Gwordie Arrmstran' hev sec wunderful dreams aboot a dusky young lass an' me bi flayed oot o' mi wits bi a greet hunngery horde o' savvidges?"

"Weel . . . thoo sees . . ." ses Doctor Jack "Gwordie Arrmstrang's a preyvit patien - an' thoo's on t' Nash'nal health!"

*** *** ***

T' BORDER RAIDERS

'Twes a neyce lewnd ebenin' in t' back-en', an' aw t' lads o' t' village ov aw ages war geddert aroon' t' smiddy wo' in t' middle o' t' village; younnger en' wurken up a neyce thurst bi larkin' aboot deuin' "cappies" an' sec leyke, t' owlder yans hevven a quiet smeuk. Nowt much wes beean toakt aboot, till Big Joe Graham teuk his peype oot ov his mooth an' ses:

"Nobbut twenty fower shoppin' days till Kersmas."

"Kersmas - bah!!" ses Jonty, spittin' ower t' dyke.

"Wat's up wid thee, Jonty?" axes young Billy Kidd, impident leyke, "Thoo's gitten ta be a proper owd Scrooge."

"Scrooge - Scrooge - whea dis' ta mean, Scrooge?" ses Jonty.

"Fella in a beuk," ses Willy, " Bi Charles Dickens."

"Oh, Ah thowt thoo meant t' clogger fra Dawston," "Chap wid a similar neame - Sampson or Simpson or summat."

"Wat's bodderin' ye aboot Kersmas?" axes Big Joe.

"Kersmas," ses Jonty, " It fetches nowt wid it bit trubble an' streyfe. Leuk," he ses wid a swee on his han' 'at narneer knocked young Billy off t' wo' - "Leuk at aw t' powltry aroon here. Hoo much d' ye reckon'll be left fer us efter them blasted tyoonies cum on ther' bworder raids?"

"Aye, thoos' gitten summat theer," admitted Gwordie farrer, "Ah lost a gay few last 'eear. Sat up three neets, Ah did, waitin' for 'em ta cum. T' fowerth neet t' alarum dudn't ga off - an' that's t' varra neet they com an' clean't me oot. Hoo did the' knaw Ah wassn't watchin' that neet? The' must 'a bin psychic."

Ned Satterth'at reckon't 'at if he left his dog lowse it wad freeten them off," ses Johnty, "It was a big soft thing at t' best o' teymes, bit he thowt, bein' a big 'un, it might put t' wind up them. Weel, at aboot hawf past midneet Ned wakkens up wid e jerk: he hears this car revvin' up, an' he shoots oot ov bed an' oot o' t' frunt dooer a'meast in his bare pelt, just in teyme ta see t' car gaan roond t' cworner full speed; an' theer's his dog, stannin', waggin' its teal as pleased as punch, still wid a lantren in its mooth! It hed bin helpin' t' raiders ta clean him oot! Ah willn't tell ye wat Ned caw'd that dog."

"They did better ner that wid t' widda Fargison," ses Big Joe. She'd nobbut a few hens an' she thowt at' the'd leave her alean an ga fer t' turkeys elsewheer. Bit did the' heck! Thoo nivver sees sec barefeac'd cheek. She nivver heeard a thing aw neet - bit in t' mwornin' she finnds nut a single hen in t' hull - nowt left bit a greet heap o' fedders! They'd teann time ta kill an' pluck them aw on t' spot. An' aw t' widda' gat oot on't wes stuffin fer a bowlster. Thoo'd hev ta ga a lang way ta cap that fer brass feac'd cheek."

"Ah, bit surelie thoo heard o' wat happen't ta t' Grimshaws up at Mossbank", sed Gwordie Farrer. "Thoo knows, owd man Grimshaw's reckon't ta be a bit ov a skinflint; it's bin sed 'at he'd skin a lowse fer its hide; sea he gits his three lads aroon' him an' ses 'Noo lads, when them powltry robbers pays us a call, we'll gi'e 'em summat ta remember us by. Fra noo till killin' teyme two on us is gaan ta sit inside t' hull aw neet wid a gun apiece; we'll tak it i' turrns, an when we hear 'em we'll oppen t' dooer an let fly.' Weel, two on 'em sat up neet efter neet; nowt happen't, bit it was gay snug in t' hull an' t' burds seun gat used wid t' company - ennyways, as Ah was sayin', this partic'lar neet owd man Grimshaw an' Clarrie, his youngest, war on guard wid a rifle apiece across ther' knees; the'd beath dwosed off fer Ah divvn't knaw hoo lang. Aw ov a suddint t'owd man wakkens up wid a start, leuks at his watch an' ses: 'Gor bun, it's quarter ta six, the' willn't be comin' noo, Clarrie.' Sea the' gits up, oppend t' dooer ov t' hull - an finnds thersels a'back ov a lurry!"

*** *** ***

T' TEALE OV FREDA AN' BECKY

Freda Meason an' Becky Ruddick war deeadly rivals, allus tryin' ta git atop o' yan anudder - t' geame 'at these daays is co'd 'yanupmanship'. Freda bet Becky bi a shwort heead ta becum th' President o' t' Wimmin's Institute, bit Becky thowt she'd capt that bi gittin' on t' Kirk Cooncil - bit she wes wrang; Freda wasn't in t' runnin fer that job, wid bein a Methody; Sumbody yance ax't hur, was she a leyfelang Methody?- bit sharp as leetnin' she ses: "Nut yit!"

Fer aw that she wes a gay pop'lar lass, an her man, Tucker Measson, t' villidge joiner an' hundertakker, wes weel leyk'd an' aw - tho sum fwoak thowt it wes a bit odd 'at ivvry teyme he put pen ta peaper he allus seyn'd off bi writin "Yours eventfully."

Noo, roon' aboot t' teyme Ah's toakin' aboot, Tucker's ax't ta be t' lwocal J.P. 'Coorse, Freda meks a greet do ov aw this, an' throws a bit ov a party, at she co's a 'recepshun'. Ther's yan er twea speeches, congrats an back-slappin', an than t' drinks is handit rood', sherry fer t' wimminfwok an summat a bit strangger fer t' fellas.

As t' party wes brekkin' up, Becky gaas alang ta Freda an' she ses; "Ah's boond ta say Ah think that wes a bit ov a hinsult."

"Hinsult," ses Freda, "Wativver dis t'a mean, Becky?"

"Why ," ses Becky, "When t' drinks com roon, Ah wes passt by, just as tho Ah wessn't theer. Why wes that?" Ses Freda, "Eeh, lass, Ah's reet sworry. It's aw my faut - Ah te'lt 'em nut ta hembarrass thee, 'cos

Ah'd just heeard 'at the'd med thee Chairboddy o' Temp'rance Serciety"

"Nowt o' t' swort," ses Becky, "Thoo's gat it aw wrang. It's nut t' Temperance Serciety at aw - it's t' Morality League.

"My misteeak," ses Freda, "Sworry aboot that. Aw Ah kent was, "THOO'D GI'EN UP SUMMAT ! "

*** *** ***

THE HOME GUARD

Ivvery noo an' than, (said Jonty), summat aboot t' Heame Guaard gits onta t' box, leyke "Dad's Army". But nut sea many fwoak can meynd on aboot t' Furst Warrld Waar. Thoos knoas, Ah wes nobbut a laal lad i' them days, bit Ah still can 'mind 'at mi fadder wes in t' Heame Guaard, tho' i' them days they caw'd them "T' Volunteers". They'd gitten proper army uniform anaw, khaki it wes, wid things co'd puttees ta lap roon' t' legs. What a job mi fadder hed ta git them on; Ah larn't anudder wurd er twea ivvry teyme he wes gitten ready ta ga on parade.

T' Volunteers wes med up meastley o' chaps 'at heddn't pass't t' medical, er wes in reserved occipations. The' uset ta ga on rowte marches an' sec-leyke - cworns, bunyons anaw - an' Ah can still meynd mi fadder tellin hoo yance the' wes cummin back fra sec a do, fair paggert, an' tryin' ta keep gaan bi singin' sangs ov that teyme, sec as Tipperaray an' t' Lang, lang trail. Gitten inta Carel, the'd aboot run oot o' sangs - then sum comedian cums up wid anudder, yan 'at wes varra pop'lar roon aboot that teyme. An' sea t'Army Volunteers march'd inta Carel, aw i' step, an' singen at t' top o' ther voices:

" It is the Navy, the British Navy, That keeps our foes at bay."

Cum t' secind warrld waar, it wes my turrn, an' Ah'd leyke ta tell thi here an' noo hoo Ah wun that 'un sinngle handit, widoot any help fra' Errol Flynn. Mappen thoo'll think 'at "Dad's Army cud be a bit ower t' top. Thoo's heeard nowt yit!

These tealls is gospel trewth, seur's mi neame's Jonty Milligan. . Ya Sunda' fworeneun oor lot wes telt ta ga inta Blackstun Woods; six o' t' mair lish lads hed bin sent on aheed ta git thersel's oot o' seet; they war suppwosed ta bi Nazzi parachutists, t' rist on us war ta howk 'em oot. Preyvit Matt Wulson ('at 's gitten t' bigges' feet in t' parish) finns fower on 'em streit off, just bi treedin' on three 'at war liggen i' t' undergrowth, fowerth fell oot on a tree ontil t' back ov his neck. It's bin sed 'at t' udders gev thersels up, hevvin nea wish ta bi trampl't ta deeath anonder Matt's big feet. T' wholl exercise wes ower an' deun wid in aboot ten minnits.

Anudder teyme t' Reg'lar Army wes suppwosed ta bi t' invadin' fworce, an it wes left till us ta defend oor heams. Oor lot wes tow'd ta mek oor way cross-country ta t' nex' villige; we wad be held i' resarve, ta bi co'd up in t' leater steages o' t' carry-on. Sea off we gaas; it wes a neyce summers evenin', nut ower het; we teuk oor teyme an' efter danderin' alang ower fields an' throo hedges an' dyke boddams we gat theer, sat doon ahint a wa', an' oot com fags an' peypes. Bit efter aboot an 'oor er sea o' this, oor ossifer ses ta t' sargint ta ga an' fin' oot wat's gaan on. Back he cums an tells us t' battle's ower lang sin'; ivvry-body's gat thersels back heame bar us! Sea up we gitts an awa' acros t' fields agean.

T' next do's, a real big un - aw th' might o' t' Reg'lars advancin' on a broad frunt wid nowt ta stop 'em bit t' craft an' guile o' t' Heame Guaard! This is a stop-watch carry-on; ivverythin' hes ta bi ower bi teateyme. Me an' mi sargint, a laal chap co'd Fred Stalker, wes towd off ta man a machine gun pwost at t' crossrwoads. Noo, Fred hed seen sarvice in t' furst waar, sa he kent mair 'n a bit aboot sec spots as machine gun pwosts. T' Army gadgies thowt th'd nowt ta deah bit mak' the'r way roond us, but wid Fred's knaw-how we mannish't ta hod them off fer hawf an 'oor er mair - an' that left t' Army's teyme-teabble i' bits. Ah wes pernounc't killt in action an' allow't ta ga heame, bit hed stopt on, detarmin't ta see wat wad ga wrang nex'. He telt me t' follerin' week hoo t' top brass hed bin reet pot oot wid oor delayin' tactics - bit, ses he, that wes nowt ta wat they sed a bit leater. Things wes hottin up, an oor lot war mekkin' a reet feyt on't. Oor hod-up at t' crossrwoads hed gi'en 'em teyme ta regroup, an fer yance t' Reg'lars gat thersels a bit flummox't. Than up gits yan o' ther' Corporals an' leeads his men - in oppen fwormashon - reet acrosst t' battlefiel'. "Langwidge!" ses Fred, "In aw mi bworn days Ah nivver heeard t' leyke on't!" - an' he gev a few samples ov wat t' top brass hed sed. T' wholl exercise hed peter'd oot. Fred sed it wes a draw, bit we sh'd hev wun.

Here's anudder teal er sea fra' them daays - thoo med nut bleeve 'em, bit that's up ta thee! At furst, t' Heame Guaard (er as the' war caw'd at t' furst, T' Lwocal Defence Volunteers) hed nea uniform, nobbut armbands. Nea reyfles er owt o' that mek; we war aw telt ta arrum oorsel's wid a good stoot woakin' stick. In mock battles thoo'd bi telt, as seun as thoo catch'd seet ov t' enemy, ta raise thi stick tiv a shootin' position an ca' oot, "Bang, Bang, thoo's deead!" This didn't wark varra lang - at t' fowerth er fifth challenge t' enemy anser't, "Chug, Chug, Ah'm a tank!"

Than a bit leater on, when we'd gitten oor uniforms, ther wes a exercise 'at teuk up aw ov ya Sunda'. A gadgie gaan heame i' t' middle o' that efterneun wes pull't up at a river brig bi fower Heame Guaard. T' sargint ses, "Sworry, Sir - you cannot cross: we're ingag'd in a mock battle wid t' Arrmy an' this brig hes bin blawn ta bits."

T' chap gits oot on his car, hes a deek at t' brig, and ses, "It looks perfectly allright to me, Sergeant - please let me go on, I live just a few hundred yards across there."

"Varra sworry, sir," ses t' sargint, "Thoo sees, fer t' purpose o' this exercise this brig hes bin demolish't, an' Ah darsn' let neaboddy acrosst till we'd deun, an' that 'll be aboot sebben taneet.

"Of all the idiotic situations," ses t' chap, turrnin' a deep shade o' rid, "This means I have to make a detour of at least ten miles." Then he spots a chap leanin' on t' parapet, 'at up till than hed tean nea part in t' proceedin's, an' he ses till him, "You, sir, I wonder if you can help? Can you by any chance bring some influence to bear on this ridiculous situation?" An' this fella ans'ers: "Nea gud axin me ta deuh owt - Ah've bin deead fer t' las' three 'ooers."

Just ta finish wid, here's mi awn feavoryte teall fra' them far off days. Can t'a imagine a village platoon, scutterin' roon' t' fields an' secleyke? It wad mebbe su'prise thee ta fin' oot hoo sec do's aw seem't ta end up ootseyde t' back dooer o' t' Lwocal aboot hawf an 'ooer afoor clwosin teyme! Leater on - varra much efter frunt dooer hed shut on this pertic'ler evenin' - t' lads wes woakin' heame, tekkin' th' usu'l shwort cut ower t' fields in t' gedderin' dusk, at peeace wid aw th' warrld - when a ov a suddin, fra' t' far cworner o' t' field. cu's Owd Fargie's bull, chargin' alang wid its heed doon, ruddy fer action. By gocks, thoo's nivver seed a platoon scatter leyke yon, mekkin' fer trees, dyke bottams er whativver - aw bit Bill Burkitt, t' bigges' an' stranges' lad i' t' villige. T' bull cu's on, bit Bill stan'd his grun' leyke a champyon. at t' las' minnit he dis a varra neat seydestep, an' catchis t' bull bi' t' hworns, stoppin' it in its tracks. He russles wid it, furst this way, than that, till at t' finish he gie's t' bull sec a wurkin' ower 'at it's glad ta shek itsel' free an' gallop awa' as far fra' Bill as it can git. Then t' lads aw com oot o' ther trees an seckleyke, aw sayin' "Gud owd Bill, that wes a bit o' gran' wark"' "Nay lads," ses Bill, "Ah's feared Ah's lossin' mi grip. Thoo knaws, if Ah hedn't hed that last peynt, Ah's sartin Ah cud hev hed that geezer off his bike!!"

*** *** ***

LETTER TA GWORDIE HODGIN O' NETHER BANTON ON HIS 80TH BURTHDA'

Dear Gwordie,

Ah's gitten sum gud news fer thee. T' furst 80 'eears is t' warst. T' seckind 80's nowt bit burthda' parties, yen efter t' udder.

Yance thoo's gitten till 80, ivverybody wannts ta carry thi bags an' help thi up t' steps. If thoo fergits thi oan neame or anybody else's, er if thoo cannot meynd on hoo menny gran-childer thoo's gitten, than aw thoo hes ta deuh is - tell 'em ye'r turrn't 80.

80's a gay lock better 'n beean 70. When thoo's 70, fwoak gits mad at ye wativver. At 80 thoo's better off, neah matter wat. If thoo dis daft things, wey min, they'll say it's nobbut his seckind childhood - an' he's hevvin mair fun 'er he ivver hed in his furst 'un!

Nay, lad, beean 70's neah fun at aw. At that yage they expect thi ta git thisel scraffel't inta shelter't hoozin' an' grummel aboot thi harthuritus.

Bit if thoo gits till 80, ivverybody cannot bleeve thoo's still roon' an' aboot. The' think 'at it's a bloomin' miracle 'at thoo's leev't that lang. It flummoxes 'em aw 't thoo can still woak straight an' toak sense.

If thoo axes me - leyfe begins at 80.

*** *** ***

THE WORKINGS OF PROVIDENCE

Yah Sunda' mworn Ah wes stannin' on t' steps ov oor kurk, waitin' fer t' visitin' speaker. Ah'd nivver met him afoor, an' aw Ah kent aboot him wes 'at he wes a young lay-preacher. Ah'd juist gat roon' ta thinkin' he wes leeavin' it a bit leate, when he com, fleein' roon' t' cworner on his beyke, 'at he propp't up agean t' kurk railin's ootseyde. Sea Ah ax't him, efter we'd gat ta knaw yan anudder, if he wad carry t' beyke up t' steps inta t' kurk pworch, waddn't it be seafer theer? He sed : "Nay, Ah'll juist ax t' Lword ta leuk efter it fer ma."

Thinks **Ah,** if **Ah** war t' Lword A'mighty, t' makker ov heaven an' urth (which Ah's nut), Ah divvn't suppwose Ah'd be ower chuff't ta be ax't ta meynd sumboddy's beyke, when t' chap wes weel yable ta tak' care on 't hissel !

It meynded ma on aboot a teal Ah yance heeard aboot a chap 'at leev't at Botcherby an' wurk't in a office i' t' middle o' Carel. Meast mwornin's he beyked ta wurk, up Warrick Rwoad an' inta Lowther Street; an' this partic'lar mworn he stopp't at t' Pwost Office fer a stamp. He med ha' bin thinkin' o' summat else when he com oot o' t' Pwost Office, fer he fergat aw aboot his beyke an' walk't roon t' cworner till his wurk.

It wessn't till hauf pas' five er sea when he knock't off wurk an' went ta git his beyke. O' coorse it wessn't in its us'al pleace, an' he hed ta deuh a bit o' hard thinkin' afoor he thowt on aboot his ca' at t' Pwost Office furst thing. "Shaff," ses he "It'll nivver be theer noo, sumboddy's sartin ta hev nick't it". Awa' he gaas gallopin' roon' t' cworner - an' theer's his beyke, propp't up agean t' gutter edge, juist as he'd left it i' t' 'mworn. "Weel," thinks he, "ther's a lock mair honest fwoak aroon' ner ivver Ah wad ha' thowt."- n' in this thankful fraame o' meynd he lowps on an starts fer heam. On his way he's juist passin' St. Aidan's Kurk, an' he thinks he'll juist gaa inseyde an' pot a laal bit i' t' collect'in box bi way ov a thank-offerin'. Sea in he gaas, fin's a shillin' in his pocket, pops it in t' box, gaas reet oot agean, thurty secinds flat - an' his beyke hed gean!

Noo if thoo's waitin' fer a moral ta this teal, ther' issn't yan. It's nut fer t' leykes o' me ta argify aboot t' wurkin's o' Providence. Bit hod on !

Nivver fergit, in them days, fer a matter ov a few shillin' thoo could git thisel' a chean an' a laal padlock.

*** *** ***

THEM YANKS HED A WURD FOR'T

A pig an' a hen wes woakin' alang a country rwoad, an' toakin' aboot aw maks o' things as they went alang.

'Them Yanks,' ses t' pig: 'Ah bleam them fer distroyin' oor native tongue.'

'Ah divvn't agree,' argies t' hen. 'langwidge is boon ta cheange. Sum wurds fa' oot o' use, udders ur added as teyme gaas on. An t' Merican influence cannot be owt else bit good, seein' hoo efficient they ur.'

'Thoo's gat it aw wrang,' ses t' pig. 'Leuk at us noo - wat ur we deuhan as we woak? Hevvin' a neyce bit crack, that's wat - bit wat wad thi' Yankee pals ca' it! Ah'll tell thi' - a MEANINGFUL DIALOGUE. Bit that's aw thoo could expect fra' fwoak 'at ca' a lift a ELEVATOR, ur a tram a STREETCAR, ur a path a SIDEWALK!'

'Mappen ther's summat i' wat thoo ses,' t' hen admitted.

'Coorse ther' is!' ses t' pig. 'Hoo lang sin' is' t' at thoo heeard sumboddy toak about his Marra? It's aw BUDDIES these days. Buddies!!' ses t' pig wid greet contempt, 'Wativver's wrang wid aw oor grand owd wurds? Ah'll say Marra lang as Ah leeve.'

T' hen could fin' nea anser ta this, an' they woak't on fer a laal bit. Then she pull't up, reet in t' middle o' t' rwoad.

'Is thee an' me marras, than?' she ax't. 'We cum fra' t' seame faarmyard, we hev' t' seame mak o' toak, an' we agree aboot meast things. Dis that mak us marras, wad ye say?'

'Nay,' ses t' pig efter a bit pause, `Ah divvn't see hoo that can be; we'r diffrent in ivvry way. Ah've skin, thoo's fedders; Ah's gitten a snoot, thoo hes a beak. Thoo can flee, Ah cannot.'

'Lot o' fwok wad be glad aboot that,' ses t' hen wid a bit smurk.

Just wid that, a trav'lin' snack bar gaas past, an' t' hen reads oot t' wurds pentid on t' back: 'Snacks, tea, coffee, bacon an' eggs ... . Theer thoo is,' she ses, 'Bacon an' eggs - thee an' me IS marras efter aw - equal partners - we gaa tagidder aw' t' teyme seame as bangers an' mash ur Gilbert an' Sullivan.'

'Nay,' ses t' pig. 'Hoo shall Ah pot it? . . . Dar bon, bit them Yanks'll hev ta hev t' last wurd efter aw! Thoo sees, THY bit o' t' partnership's a ONGOIN' SITUATION - bit wid ME it's TWOTAL COMMITMENT!!'

*** *** ***

YAN IN IVVRY PUB

Ther's yan in ivvry pub. A Joskin, A Hawf-thick, A Gadgie, A Codger.

Can t'a tell me than, whey - ivvry teyme - as seun as he spots me, he'll stop proppin' up a cworner o' t' bar coonter an' git hissel' scraffel't nex' ta me? Ah've bin telt mair daft leyfe stwories 'n Ah've hed het dinners. Div they leuk at me an' see yan o' ther' own keynd? Er is't nobbut th' whope o' me sayin' "Wat ur ye gaan ta hev?" - (Wat a whope!)

Nut se lang sin' Ah'd bin roon' Carel, payin' a few co's at Bleckell an' Upperby, an' Ah dropt in at t' Rwose an' Croon fer a bit ov a slockener, ta help me on mi way. Sure eneuf, th' usu'l gadgie cums sidlin' ower. "Divvn't offen see ye in these parts," he ses. Ah thowt Ah'd bes' give him t' benefit o' t' dooubt. "Nay," Ah ses, "Ah just co'd in fer a quick un , Thoo leeves roon' here, than? "

"Aye," ses he, "On me own - as allus! Ah've gitten a bedsit aseyde 'Hammonds' - thoo knoas, th' Park."

Thinks Ah, ther's nut much wrang wid a chap 'at co's Upperby Park bi its proper neame! This meade me that sartin he wes awreet it wes aw Ah could deuh ta stop misel' buyin' him hauf a pint.

"Hoo's t'a manige on thi own?" ses Ah.

"Nut sea bad," he ses, "Ah've allus gitten mi bee fer a bit o' cump'ny. Ah thowt mappen Ah'd nut heeard him reet, "Thoo's gat a hive?" Ah axes.

"Nay, nay; wheer wad Ah pot a hive in a bedsit?" he ses.

"Thoo means - ya bee - yah sinngle, solitairy bumbly?"

"That's reet," ses he, "We'v gitten a lot in common. We beath leyke a bit o' hunny." - - Ah began ta hev mi dooubts aboot him.

"Yah bumley'll nut mek a lock o' hunny," Ah ses.

"Nivver sed it did," he replies, "Ah buy a jar noo an' agean."

"Ah suppwose thoo teks thi bumley oot fer a ten-meyle woak ivvry day?" ses Ah, sarcastic-leyke.

"Nay, divvn't be daft," ses t' chap, "Ivvry mworn at hawf-pas' six Ah gits oot o' bed, oppens mi winda' an' lets it oot. An' it flees reet inta t' Park, whoar it laiks amang t' flooers aw day lang. It's back agean at fower, reg'lar as clockwark, knockin' at t' winda' ta git in."

Ah kent gey feyne than 'at Ah wes dealin' wid a hoaf-thick, an' Ah left him sittin' theer as quick as Ah could. Ivvry mworn at hawf-pas' six, ses he! An' Ah knew fer a fact 'at the' divvn't oppen t' Park till eight o'clock.

***   ***   ***

IV
SUPPLEMENT

These two pieces were perhaps intended for the more general reader, as the dialect element is at a minimum. They are followed by the hymns which Harold wrote over the years for our Biennial Dialect Services, two bible translations and other items of interest.

HOME TEAM

" 'E should 'a hung on till it," said the red-faced man, as the outside right, with the air of one who has tackled impossible odds, sliced the ball tamely out of play.

Jopson nodded absently, and retreated from the thin East wind into his overcoat. It had been a mistake to come. This was just the dismal climax of an empty week-end. What caprice had driven him back to his home town? He liked to think of himself as cool and logical, moving to a set plan. It had seemed reasonable enough at the time to say to himself: "You've been overworking; a few days off will do you all the good in the world."

The sentimental urge to see Wellford once again after - what was it? - twenty-odd years had seemed logical enough. But, having come, he cursed himself for a soft-hearted fool who ought to have known better.

The town, Wellford, had seemed immediately much smaller, the streets dirtier, and the pubs more squalid than he had remembered. The shops, too, did not impress him; all the new ones were branches of the cheapest and nastiest type of multiple firms and the others were not worth a glance

"Dirty!" roared the red faced man. "Play the game, ref!" The referee ignored him, and the contest dragged wearily on. Jopson's attention wandered. There was a boy standing down by the barrier, right in the teeth of the wind. He'd have a cold tomorrow. Why wasn't he playing for some school team, instead of accepting this stuff passively, asking for pneumonia?

What a town! Not a soul he knew in the whole blasted place - not a single soul to pass the time of day, to say: "So you've come back? Glad to see you again!" Nobody to congratulate the local lad who had - made good? - well, kept his end up, anyway! Like him, all his contemporaries had looked at Wellford, decided that there was no future in it, and had cleared out. He felt a tiny glow of self-pity, although he was quick to realise that the only one he really missed out of the whole bunch was Wilton. Yes, Frank Wilton had had something . . .

Neither team had scored; neither team looked like scoring. The red-faced man was lighting his pipe, muttering hoarsely. The boy was still down by the barrier, not moving, his eyes on the game.

Jopson had liked a good game - but they were good games in those days. The Wanderers had played in the Northern Federation then, and practically all their players had been recruited locally. You saw real football - a team playing as one man for the love of the game, not for a pay-packet. What was that damned centre-half doing, down the field behind the backs? Old Charlie Oakley could have taught him a thing or two.

Was it 'twenty-four when the Wanderers were top of the federation? Ah, there were giants in those days; not lackeys hired from anywhere between Land's End and John o' Groats! Jopson remembered Oakley best, with his bow legs and bald head, always up with the attack, never seeming to move fast, but always there at the right time. And Willis, left back, another veteran who knew football like the back of your hand; Craw, pure showmanship; Hodgson, fast and cunning; little Davie Metcalfe on the wing; Tom Western in goal - and what a keeper! All local boys. Now the Wanderers were in the League, and drawing much bigger crowds of course; but this anaemic stuff they were serving up - it made you sick !

The red-faced man had got his breath back. Jopson was suddenly filled with a distaste for his proximity; he edged down nearer to the barrier. The East wind continued to penetrate.

He looked at his watch: fifteen minutes to go. He was cold, tired, out of temper. Nothing had gone right. He would go home again. Home! He would never again think of Welford as "home". He would be a couple of days earlier than he had expected, but that wouldn't matter. It had just been a mistake.

Jopson was by this time at the barrier, next to the boy. He glanced up briefly. "Something's going to happen," he said to Jopson; "Watch him!" Jopson's eye swung obediently back to the game.

The centre half, who had offended Jopson by his lack of enterprise, had started something. The right winger gratefully scooped up a long, raking pass, side-stepped his opposite number and centred, certainly and strongly. A defender came up to challenge the Wanderers' centre forward; but he leapt over the ball; the inside left cut in and took a pile-driver from the edge of the penalty area which the goalkeeper was glad to push away. The ball rolled to the outside right, who, wild with excitement, hit the crossbar. The crowd kept up a continuous roar, and the boy was jumping up and down, unable to contain himself. Jopson found, surprisingly, that he was yelling as loudly as anyone, as the centre forward met the rebound nicely with his head and the ball landed neatly in the far corner of the net with the keeper still helpless on the ground.

"Great stuff!" shouted Jopson to the boy. The disparity of age was forgotten; they had - the two of them - no less than the centre - helped to score that goal. They stood breathless, nodding wisely to each other, and Jopson caught a glimpse of himself as he had been thirty years back, bound with a common bond of exaltation to the boy, the crowd and the eleven footballers called the Wellford Wanderers.

*** *** ***

PULPIT SUPPLIES

The Church Secretary, I thought, was looking worried. "What's on your mind?" I asked.

"It's this business of pulpit supplies," he answered. "It's all right if I can manage to get someone to take a complete Sunday, but the man I approached for next week can only do the evening service." He paused. "It's not as though our people turned out in force on Sunday morning, especially with the holidays, and I don't like asking anyone to come to us for the morning only."

"I don't mind having a shot at it."

I stopped, horrified. Had I really said that?

"My dear chap," said the Secretary, beaming, "I had no idea you could do that kind of thing."

Neither had I, but I said nothing. I had a feeling that I had said too much already.

The week passed by. I sketched out a children's address and jotted down a few quotations which I vaguely hoped might come in useful. Eventually I forced myself to get down to the bare bones of my sermon; I decided to rely upon brief notes scribbled. on a postcard. I then had an attack of discretion and typed it out in full, reflecting that were I to rely on my postcard my nerve would. probably desert me, and I should finish at approximately the same time as I began.

I thought it might be a good idea to practise what I hoped to preach; the result was a drastic simplification, and I discovered, not for the first time, the vast difference between the written and the spoken word. Some of my sentences, which I could scan with ease, came awkwardly off my tongue, so I revised drastically. In my revision I allowed myself a little mild humour, which I felt was permissible only because it had a direct bearing on my subject.

Prayers, I felt, were likely to cause me some anxiety. I prepared by extracting suitable general prayers from a printed order of service, leaving myself considerable freedom for extemporisation.

Sunday morning arrived; so did the Secretary, to find me in the vestry. "How are you?" he asked, not expecting a reply. Actually I was feeling slightly sick. The thought that this sensation would inevitably be communicated to the congregation was no comfort. "I'm all right," I said, achieving a ghastly grin.

"Well, I needn't tell you what time we like to finish our morning service, ha-ha," said he.

The first part went like clockwork, and I became quite absorbed in my children's address. Then a quick glance at the clock threw me into a panic - scarcely any time seemed to have gone by. At this rate the whole service would last only about 35 minutes: I did a poor best with the prayers, and in less than no time the last verse of the pre-sermon hymn was being sung.

Now for it.

I announced my text and read the first two sentences. No; I knew I had made a shaky start. Those two sentences had obviously been read, and my voice must have sounded dull and prosy. Summoning my courage I paused, looked at the congregation, and forced myself to speak the next sentence without referring to my typescript. After that I gained in confidence and finished in what I hoped was a convincing manner.

The service, after all, lasted for the allotted hour, and at the close I went quietly back to the vestry. My friend the Secretary was on my heels. "You were very good," he said. I thanked him, but wished privately that he had not sounded quite so surprised about it.

What I have gained from this experience is a new appreciation of local preachers and the work they put in week by week, deputising, preparing, travelling miles to speak to the few, not for their own glorification. May their number increase - but please may I not have to do it too often?

*** *** ***

HYMNS

1. Tune; Dix.

Rwoman Wa , Speadadam Weaste,
See th' Vishun, breet as day!
Doan't bi flayt - git up i' haaste;
Leeave yer sheep an' homage pay.
Hark till t' Angel, cum fra' heav'n:
Untl you a Son is Giv'n.

Soothward, Soothward, draw thoo nar,
Eden Vaale an' Laakelan' Fell;
Kessick, Trootbek, Windermar
Full't wid joy th' news fworth tell,
An' wid t' Shippads greet th' mworn
Untl us a Son is bworn.

Onward, ootward ta th' West,
Marsh an' harbour, sea an' firth:
Welcummin' th' Heav'nly Guest
Tellin' ov th' Hwoly Birth.
Hark till t' Angel cum fra' Heav'n:
Untl you a Son is giv'n.

Seasceale, Drigg an' Sellafield,
Millum, Barra, Furness waays;
Kinsfwoak, aw' yer homage yield,
Looder still yer voices raase.
An' wid t' Shippards greet th' mworn -
Untl us a Son is bworn.

H. F

*** *** ***

2. Tune Belmont

T' God ov leuve mi shippard is
It's Him 'at meks mi feead -
Whel he is meyne, Ah's nobbut His
An' wat mair cud Ah neead?

He leeade mi till th' tender grass
Whoar Ah beath feead an' rist -
Than till th' becks 'at wannder past
I' beath Ah've nowt bit t' best.

If oot o' leyne, why than he'll sarve
Ta git mi meynd i' frame:
Ther's nowt o' His 'at Ah desarve
Bit fer His hwoly neame.

Yis, i' deeath's shady black abwode
Weel med Ah woak, nut fear,
Fer Thoo's aseyde mi, an' Thy rod
Ta steer, Thy staff ta bear,

Tis sartin 'at His wondrous leuve
ls roon' mi aw mi daays-
Ae' as it nivver 'ull remoove,
Than nowder 'll mi praase. H.F. after George Herbert.

*** *** ***

3. Tune: Richmond.

Ah'd need aboot a thoosan' tungs
Ta sing t' Redeemer's praase;
The Lword abeun, he'll hear mi sangs
An' bless mi wid His graace.

He weshes oot aw maks o' sin,
The pris'ner finnds he's free;
His bleud'll mak' the durtiest clean
That's wat it did fer me.

He speaks - sea lissen till His voice;
Frish leyfe the deead recieve.
Them that's heart-brokken aw rejoice
An' t' peur fwoak noo beleeve.

Hark weel ye deef; sing oot, ye dumb;
Git aw yer lungs i' fraame
Ye blinn, see noo yer Savior cum,
An' lowp fer joy, ye leame!

Jesus, His neame charrms aw oor fears
An' maks oor tears run dry:
'Tis music till oar varra eears,
An' leyfe an' peace forby.

My livin' measter an' my God
Lang may Ah still procleam
An' spreead throo aw the urth abrooad
Thy ivverlastin' neame! H.F. after George Herbert.

*** *** ***

4. Tune St.Bernard.

In Christ ther's nowder East ner West,
Neah Sooth forbye. ner North,
Bit yan greet gedderin' o' leuve
Aroon' th' wholl weyde urth.

In Him 'ull marras uvrywhoar
In hee communion bind;
His sarvice is th' cword o' gowld
'At laps up aw mankeynd.

Than gie's yer han' - ootlandish tho'
Yer mak' a' toak med be
'Thoo sarves mi Fadder as a son?
Than thoo's akin ta me!

In Christ noo meet beath East an' West:
In Him meet Sooth an' Nworth:
Sec fwoak as us is yan in Him
Aw throo th' wholl weyde urth. H.F., after John Oxenham.

*** *** ***

St. MATTHEW Ch. 19 from v16.

Translated by Harold Forsyth into the North Cumberland dialect, for the Dialect Service at Dalston, 1986.

This fella cu's ta Jesus an' ses, "Good Measter, wat hev Ah ta deuh ta git ivverlastin' leyfe?"

Ses Jesus, "Wat for dist'a ca' ME good? Dist'a nut knaw ther's nobbut yan' at's good, an' that's God? Bit if thoo wannts ta hev ivverlastin' leyfe, than furst ov aw thoo mun keep t' Commandments."

T' chap ses, `What commandments is them, than?' 'an Jesus ses

"Divvn't kill, ner commit adultery, ner steeal; divvent tell lees, leuve thi fadder an mudder an' thi neebor t' seeam rwoad as thi leuves thisel" An t' chap ses, "Ah've deun aw them things ivver sin Ah wes a laal bairn . . . . . is ther' summat else?"

An' Jesus ses, "Aye! If thoo wannts ta ga aw th' way, thoo mun git shot ov aw thi gear, - gi'e 't away ta t' poor fwoak, an' foller me'. When t' young chap heears this he gaas off gey dowly, accawse he'd gitten forivver o' brass."

Jesus ses ta t' disciples, 'Sista, think'st thoo it's easy fer a rich man ta git ta heaven? Ah'd as seun expect ta see a camel git itsel scraffel't throo a needle's eye.' T' disciples war fair flummox't at this. 'Wheaivver can be seav't, than?' thay ax't. Jesus lewk't ebben at them an' sed, 'Man bi hisel can deuh nowt, bit wid God, owt can happen.'

Than Peter spak up, 'Leukst'a, WE left aw an' foller'd Thee - what's in't fer us?' Ses Jesus, 'Ah tell ye aw this: in t' warrld ta cum, when t' Son ov Man is sittin on his thwrone i' glory, theer twelve thwrones fer ye ta sit on, ta judge t' twelve tribes ov Israel. An' ivvery yan 'at's left hoose or kin, weyfe, brudder, sister, fadder, mudder or lands ta foller me'll git aw back a hundert teymes ower, an' gain eternal leyfe forbye.'

'Bit sum 'at think thev'r furst'll fin thersels at t' back, an' t' last un's'll be way up front.'

*** *** ***

THE PRODIGAL SON.

Luke, Chapter 15.
In the West Cumberland Dialect.

1. Than aw t' tax-gedderers an' taistrels com nar tull 'im ta hear 'im,
2. An' t' Pharisees an' Turnas chuntert amang thersels, an' sed "This chap taks up wid tagglets an' eats wid them;"
3. Than he telt them this farley, an' sed:
4. What man amang ye wid a hundert sheep 'an lossin yan, dissn't leave aw t' udders on t' heaf an' laits t' straggler tull he finnds it?
5. An' when he does finnd it, heases it on his shooders an' gahs heame gay glad?
6. An' sends for his frinnds an' naybors ta tell them, 'at t' straggler's kessen up?
7. An' Ah's tellen ye 'at sooa it is in hebbm. Theer mair joy ower yah straggler 'at's browt back seafe nor theer is ower t' ninety-an'-nine 'at's nivver straggelt at aw.
8. Forby, what wumman wid ten bits o' silver, if she losses yan, dissn't leet a cannel an' ratch ivvery neuk tull she finnds it agean?
9. An' when she does finnd it, ca's her naybors tagidder ta tell them?
10. Sooa 't is 'mang t' Angels abeun; ther's joy if theer nobbut yah sinner 'at repents.
11. Than He sed, A sartin man hed two sons
12. An' yan o them, t' youngermer, sed tull 'is Fadder, gie me aw 'at 's comen ta ma; An' he let them share an' share alike .
13. An' t' youngermer, a lock o' days efter, geddert aw he'd gitten tagidder, an tean hissel off tull forran parts, an' theer waistit his life in' hayness leevan.
14. An' when he'd wairt aw, theer was a famine in t' land, an' he com ta want.
15. Than he went an hiret hissel, an' t' maister sent 'im inta t' fields ta sarra t' swine.
16. An' he wad a fain eaten t' swine-stuff, for neahbody hed owt ta give 'im.
17. Than he com tull his senses, an' sed, Hoo many o· me fadder' sarvints hev aneuf an' ta spare, an' Ah's fair hungert;

18. Ah'll just gah heame tull me fadder an' Ah'll say, Fadder - Ah've sinned agean hebbm an' afooer thee,
19. An' Ah's nut wordy ta be co'ed thee son, Tak me on as a hiret sarvint.
20. Wid that he gat up an' went, an' his fadder saw 'im comin a lang way off; an' ron an' threw his arms aboot his neck an' kis't 'im, for he was glad ta see 'im.
21. An' t' lad sed, Fadder, Ah've sinned agean hebbm an' wrangt thee; an' Ah's nut fit ta be co'ed thee son.
22. Bit t fadder sed tull t' sarvint, git me best cwoat an' put 'im 't on, put a ring on his hand an' sheun on his feet;
23. Than get a fatted cofe an' kill it, an' we'll aw eat an' be merry:
24. For me lad 'at Ah thowt deid's alive, he was lost an's kessen up egean. An' they aw begon ta be merry.
25. Noo t' owdest lad was in t' field, an' when he com nar ta t' hoose he hard music an' dancin'.
26. An' co'en yan o' t' sarvints he ast what it aw meent.
27. An' t' sarvint sed, Thee brudder's cumt: an' acoase he's seafe an' soond thee fadder's kilt a fatted cofe.
28. Than he was mad an' wad n't ga in, soo his fadder com oot ta persuade 'im;
29. An' he sed tull his fadder, Aw these eears Ah've sarved tha an' deun thee biddin', an' thoo nivver yance geh me a laal gwoat 'at Ah med mak merry wid my frinnds:
30. Bit as seun as this nowt-at-dowe cuhs back, efter wastin' what thoo gev 'im on fast leevan an' bandylans, thoo kills a fatted cofe for 'im.
31. An' t' fadder sed tull 'im, Nay, lad, thoo's allus wid ma, an' what's mine's thine.
32. Forby, it's nobbut reet yan sud mak merry an' be glad; for thee brudder 'at was thowt deid's alive, he was lost an's kessen up agean.

*** *** ***

THE LAKELAND DIALECT SOCIETY

(by Harold Forsyth, President of the Society; 1998 - 01)

I have very happy memories of upwards of eighty years ago, when I was by no means the brightest pupil at Brook Street School, Carlisle. I recollect in particular how our mentor, Taffy Marshall, systematically brayed our native tongue out of us. It was, said he, a slovenly way of talking; we would get no-where in this world unless we stopped misusing the King's English. As a result of this we had two languages, one for the playground, the other for the schoolroom. Of course we would not call ourselves bilingual, but we felt instinctively akin to the geezer (in the well known definition) 'at could toak beath "English Street" and "Caldewgate".

Fortunately there were lots of people scattered throughout the area who knew that Taffy had got it seriously wrong. In countless small towns and villages the most popular gathering was still the merry-neet or tatie-pot supper, with its dialect songs and/or dances, tealls and twoasts ta t' owd Coonty an' t' bonny lasses. This in spite of the fact that it had long been feared the dialect was doomed - in a very short time we would all talk the same way.

But these gatherings, good as they were, never aspired to be more than local occasions, even a later arrival, the "Cummerlan' Neet Celebrations" based on Carlisle. Something was required which covered a far larger area, dedicated to the preservation of records and folk song and at the same time encouraging new dialect writers. Thus it came to pass in 1939 a small group of enthusiasts was heartened when Lance Porter willingly accepted the temporary role of 'correspondent' to get things moving.

First, the support of a number of eminent people was enlisted. Lance did a marvellous job, writing to the Press both local and national, until nobody throughout the length and breadth of the land could be excused for not knowing that the inaugural meeting had been arranged for Saturday, 10th June 1939 at Tullie House, Carlisle.

*** *** ***

THE CARLISLE CUMMERLAN' NEETS

Among Harold's papers are a number, possibly a complete set, of Programmes for the old Cummerlan' Neets, held in Carlisle during the middle years of last century. It is clear that he was keenly interested in these from the beginning and he soon became involved in the proceedings by writing the music for some of the dialect poems, such as "Jwohnny, git oot", sung by Tom Dowell.

The Carlisle Cummerlan' Neet was originated in 1933 to do honour to the memory of Robert Anderson, the Cumberland Bard, on the centenary of his death. Each year it grew in popularity, not only from the city itself but over a very wide area, so that by 1936 over fifty applicants for tickets had to be disappointed. The proceedings were at first more of a formal dinner than a traditional Merry Neet. For the first two years the main course was just 'Cauld Ham, Beef and Mashed Taties wid Pickles' but then Hot Tatie Pot appeared [nut 'het' !] and by 1938 there was Fellside Broth, Netherby Hare Soup, Herdwick Tatie Pot, Cumdivock Roast Beef or Naworth Steak an' Kidney Pie - followed by Keswick Codlin or Kendal Damson Pie wid custard and Haver Ceakes wid a bit cheese.

The Chairman for all the pre-war 'Neets' was Dr. C. W. Graham, J.P., C.C. and the Toastmaster Councillor John Minns. There were toasts to Canny Auld Cummerlan', The Poets of Cumberland and the Bonny Lasses, as well as the Loyal Toast; these were interspersed with songs, poems, plays and musical items and the program ended with the singing of John Peel, led by the Chairman. This was immortalised in the sketch and poem by G. B. Brown, Esq. M.A., who later became Director of Education for Cumberland.

Although always anxious to provide as enjoyable a programme as possible, the Committee aimed also to foster the educational side of their work, to develop a wider interest in the dialect and in dialect writers. They ran various competitions for dialect writing, and in 1936 no less than eighteen plays were submitted, as well as prose and verse items.

At first it was intended to use some of the winning entries in the evening's entertainment, but the competitions were so popular that making a selection proved impossible! All the early functions were held in the Silver Grill Restaurant. In 1938, some 230 people had attended and some 120 more had been unable to obtain tickets!

Wartime restrictions brought a halt to the Cummerlan' Neets, though some of the enthusiasm seems to have been passed on to the newly-formed Lakeland Dialect Society (1939), which managed to keep going right through the war years. Harold Forsyth turned some of his energy to the Border City Entertainers, and a newspaper cutting tells of how they delighted a capacity audience at Workington, organised by the Workers for Victory Social Club in aid of the "Star" Tommies' Smokes Fund. Harold had helped to devise and produce the show and acted as compere. Described as a 'truly versatile performer', he also gave monologues, took part in a sketch, sang and played the banjo!

There are no more programmes for the Cummerlan' Neets until 1954 and it would seem they were not revived until then; a contribution of £1.7s.6d from the L.D.S. turns up in our accounts for the following year as "Cummerlan' Neet inauguration." The last Programme 'on file' is that for 23rd November, 1959 and it is possible that really was the last. It seems they may have had problems in finding a suitable venue - they moved from the Silver Grill to the County Hotel in 1956, to the Crown & Mitre in 1958 and back to the Silver Grill for 1959. The number of speeches and items had reduced over the years. Harold acted as Treasurer for the post-war series.

After the War, the singing of 'John Peel' had been moved to the beginning of the 'second half', with Auld Lang Syne to end the proceedings, but the 'View Halloo!' returned to its rightful place in the last year.

***　***　***

"But, *canny aul Cummerlan caps them aw still.*" (ANDERSON)

PEEL'S VIEW HALLOO-OO-!
CUMMERLAN' MEET - OCTOBER 1936 -
G:B:B:

CONTRIBUTION TO MERRY NEET

With most kindly memories of Dr W. Graham - and his singing of John Peel - at the Anderson Centenaryin 1933 and several subsequent Cummerlan' Neets.

Submitted by 'Whinlatter' [Mr G. B. Brown, C.B.E., M.A.]
First Prize in winning entries in Dialect Competition of Cummerlan' Neet Association, 1955.
Also sung at Silloth, 2nd August 1960

" BASSO "

probably arranged by Harold Forsyth,

Weel noo: t' tatie pot's etten an' corsets is creakan
An' top trooser-buddons is lowsened on sleye.
Ye c'n 'ev yer bit smeuk and set incense cloods reekan,
For t' Queen's bin weel twoasted wid glasses raised heigh

We've gien thenks for t' teasty things setten afoor us
An' seun Jwohnny Peel c'n 'ev t' pleace till 'is-sel,
Ah'll gie ye th' lead, than ye'll a' baa i' t' chorus
Leyke fower 'underd Herdwicks fra' Yowbarra Fell!

But wat's yon girt echo, leyke Crossth'te bells pealan
Wid thoosans o' bummlers rum-bummlan aroond?
It's shakkan doon t' wheytewesh an' rattlan in t' ceilan!
Tho' it cuz doon fra Heaven t' is a hell of a soond:

Ay! yon' s Basso a' reet! - hoo leetsome we'd be noo
If Gabriel wad lowse 'im till us fer yan ' ooaer.
An' we'd chance bein' blinnded if fer yance we c'd see noo
His au'd silver haalo pwoaked in at yon dooer.

Seah, Basso, thoo' s sattled up theer 'mang t' Immortals,
But yah daay i' t' yeer thoo cuz fost on oor leet.
Mak' Peter fling oppen them girt Pearly Poortals
An' ..... '
clim....
doon....
yon.....
ladder.....
fer Cummerlan' Neet.

*** *** ***

CAUSE FOR OPTIMISM ?

'Like all other dialects in these days, that of Cumberland is decaying rapidly, and though it may be many generations before the distinctive accent will be lost - if ever - yet the vocabulary will soon become obsolete . . . But in many of those fell-dales which the tourist who is travelling on foot through Lakeland alone visits, the true ring of the dialect may yet be heard, for the older folks, uninfluenced by any desire to speak fine, do not `chow their words'. Thus the listener can hear a vocabulary and a pronunciation which retain more of the characteristics of our original tongue than will be found in modern Queen's English.'

The above paragraph might almost have been written yesterday. It was in fact the work of Dickson Brown, dated 1899, and the `days' to which he refers are the days of railways and Board Schools. Twenty years or so after, a far more potent force was added to Mr. Brown's destructive agencies - the voice of radio; later came television, and it then seemed only, a matter of time until all local dialects, accents and all, would be steam-rollered out of existence.

Now a lot of people saw this probability as a very good thing. If everybody spoke the same way, they argued, there would be no confusion of tongues; everybody would understand what the other man was talking about, and all would be sweetness and light. Others, however, muttered `1984' and suggested that if everyone spoke alike it might be an indication that everyone was thinking alike, and they wanted no part of such conditions.

Many regional societies over all these years have been dedicated to the preservation of area customs and speech-forms - let me add, in the best sense. Their idea has been not to lock up the past as a sort of museum exhibit, but to keep alive old customs and dialects just because they felt these things had grown out of a certain way of life. This life, with all its faults and shortcomings, was still a good life. We all realise, I think, how many Norse words - words with no equivalent in Standard English - would be lost if our own dialect perished.

So education, travel and space-age communications marched on. Yet it is still true, in 1976, that there are still places which the discriminating traveller can find where the natives do not `chow their words.'

I was recently considering these points when it suddenly occurred to me that the process of standardisation might well be slowing down, if not actually going into reverse. More and more people are becoming aware of the rich heritage of our dialects. Year by year the return to the `grass roots' becomes more attractive to many. We have long passed the stage when, for instance, a Northern accent was a disability to an ambitious young man in the South. How much this is due to the vigorous work done be a succession of North-country writers [pioneered, perhaps, by J. B. Priestley] could be a source of speculation. You can add your own list of names; but it is certain that your list would end with Melvyn Bragg. He has never made any secret of the fact that he depends upon close contact with his early surroundings for his inspiration.

Back in the 1930's there was a North-Eastern dialect comedy which had a considerable local success. I remember very little about it - author, title, and most of the plot have now passed me by - but what I do remember is this : when they came to make a film of it, they were so terrified of the native dialect that they translated the whole thing into a horrible stage Yorks-cum-Lancs. As a concession, they left one true Geordie voice (a very minor part], and of course the result was that the lone authentic voice sounded out of place.

That could not happen today. One only has to think of such presentations as `When the boat come in' and `Close the coalhouse door' to realise that Tyneside, at any rate, no longer raises problems for the country as a whole. Even allowing for the regional boundaries of broadcasting, I would guess that more and more attention is being paid to the habits, customs and speech-forms of areas such as our own; but this is not to say that much more could not still be done.

We in the L.D.S. and similar societies can only keep plugging away. But can we take heart from the thought that radio and television, which seemed once to be the greatest threat to the survival of oor mak' o' toak, may yet prove to be an important factor in the opposite direction?

*** *** ***

CARLISLE MALE VOICE CHOIR

Amongst Harold's papers were some 14 typewritten pages, on quarto paper, entitled 'The Carlisle Male Voice Choir - a Short History'. They begin with the formation of the choir in 1919, from the male members of the Madrigal Society, as a nucleus, with the prime object of competing in the Carlisle Musical Festival. After rehearsals, some 31 members sang at the festival and came first in their class, beating the Goodwin and Brampton choirs, which caused great elation.

By 1923 the choir was well established and had a reputation beyond its own frontiers, giving concerts in aid of various worthy causes, among the chief of which was the Cumberland Infirmary. In the next year they carried all before them at the Morecambe Festival, but by 1931 the conductor, Mr John R. Cockbain, had resigned and the choir was disbanded,

It was not until November 1946 that Mr Henry Wardle made efforts to revive the choir. He had been a member from the early days and became its conductor; he was also choirmaster at the Methodist Central Hall in Fisher Street,. There were some initial problems but by the early 1950's the Choir was flourishing again and it was around this time that Harold became involved as assistant Conductor. Later he took over the baton, when Mr Wardle retired. and continued with it at least for the next twenty years - the 'History' was written in 1974.

*** *** ***

I understand that the Carlisle Male Voice Choir, as such, is no longer in existence, though some of its members formed a Veterans' group. It is almost certain the 'History' was Harold's work, but we do not know if it was ever published, or even if other copies exist. For this reason, this copy has now been deposited in the County Records Office, at the Castle. The remainder of Harold's dialect material is now with the LDS archives, which are kept in the County Library. **(EDITOR)**

HAROLD'S MUSIC

We cannot bring this collection of Harold's work to a close, without some small example, at least, of his musical expertise. His many years of service to the Carlisle Male Voice Choir have already been mentioned, but some time before his death he gave to the Society his Music Manuscript book. This contains the words and music for a number of local songs which he had collected over the years and written up in the 1950s. In some cases he has cleverly arranged the words to fit some traditional tune, for the others he often wrote an entirely new melody.

'Jwohnny git oot' was a favourite at the Cummerlan' neets and no doubt some of the songs were used in the popular war-time concerts when Harold's participation as an entertainer and comedian was in great demand.

On the following page (somewhat reduced) is his setting for one of the songs, 'Copshawholme Fair', which came from Newcastleton, just over the border. There are some nine verses, but the tune is much the same for each, with a little 'flourish' now and then. It is reproduced here to give readers an impression of what the book contains, and below is a list of the songs. The original Manuscript Book now rests safely at the County Library, along with the original copies of the stories.

*** *** ***

Part of one of the pages of Harold's music Manuscript book

List of the Songs

Jwohnny git oot	(A. C. Gibson)	Tune by HF
Reed Robin	(Robt. Anderson)	Tune by HF
A young wife for me	(Robt. Anderson)	Tune by HF
Bob Lowrie	(Robt. Anderson)	Tune by HF
'Cumberland Carol'	traditional	arr. by HF
Yon Flowery Garden	coll. Robt. Forrester	arr. by HF
John Peel Lament	J.Gilbanks, (trad)	arr. by HF
The peck of punch	(Robt. Anderson)	Tune by HF
Tammy Green	Elizabeth Denwood	arr. by HF
Sale of a wife	anon	Tune by HF
Ccpshawholme Fair	trad. (Newcastleton)	arr. by HF
Tatie Pot	Jos Burlington	Tune by HF
Three North East Songs, set by request for E. Lamb.		
Canny Cummerlan	(Anderson) trad. tune	arr. by HF
Mary lived at Corby Castle	traditional	arr. by HF

*** *** ***

TAILPIECE

(Harold called this one an 'excerpt')

Yan ov mi furst "meyndin's-on" is when mi an' Ted Relph com feace-ta-feace. At that teyme he wes nobbut a laal lad, bit news ov his darin' hexploits hed awriddy gitten ta sec faraway spots as Mau'ds Meebon an' Shap. He wes weearin' a laal saaler seut an' clogs , an' he com runnin' up till mi an' ses, reet oot : "Ah's Teddy an' Ah's feyve 'eear owd, wat aboot thee?"

Ah ses: "Ah's nut ower sewer; Ah's owder fower er feyve , Ah divvn't knaw which."

Ses he: "Dist'a smeuk?" Ses Ah: "Nee."

"Dis t'a sweear?" - "Nee."

"Hest'a gitten a gurl-fren'?" - "Nee."

Ses he: "Thoo's fower", an' he scops mi on mi lug.

***   ***   ***

ACKNOWLEDGEMENTS

I would like to express my sincere thanks to the following kind people who have helped in various ways with the production of this book :-

Neil Forsyth, Harold's elder son, for kindly handing all his father's papers over to the Dialect Society, for making the drawing and photographs available to us, and for considerable help with the Biography.

The Editor of the Cumberland News, for his kind permission to reprint pieces which had appeared in that newspaper.

Jean Scott-Smith for drawing some of the illustrations to the stories and for help in proof-reading.

Irving Graham for his valued advice on certain words, for help with proof-reading, and for checking through the Glossary.

Jennifer Jewell and John Handley for help in proof-reading.

And, last but by no means least, our Chairman, Marjorie Morris for her interest, help and encouragement!

August 2002 J. T. Relph.

*** ***

GLOSSARY

This is an entirely new glossary, compiled by using the spell-checker to select all the non-standard English words in the text of the present book. With them I compiled a separate 'user-dictionary', to which the glosses were later added. Perhaps some of the meanings are obvious to those familiar with our dialect, but they are retained for the benefit of a wider readership.

abeun	above
aboot	about
abwoard	aboard
accause	because
acrosst, acrost	across the
admir'd	admired
advertysements	advertisements
adveyce	advice
afooer	before
afoorhan	beforehand
afront	in front
agern	against
Ah'd	I had
aheed	ahead
ahint	behind
Ah'll, A'll	I will
Ah'm	I am
Ah've, A've	I have
alang	along
alean	alone
aleyke	alike
allowin	allowing
allow't	allowed
altho	although
ameast, a'meast	almost
ancesters	ancestors
aneugh	enough
animile	animal
anny	any
ano	and all (as well)
anonder	underneath
ans'er, ans'rs	answer
anserin	answering
anser't	answered
anudder's	another's
anunder	underneath
argify	argue
argy-bargyin	disagreement
aroon	around
Arrmy	Army
arrum	arm
aseyde	beside
'at	that, which
at's	that is
auld	old
av	of
awivver, awiver	however
awn	own
awreet	all right
awriddy	already
awtagidder	altogether
aw-weyse	all ways
ax	ask
axin	asking
ax't, axt	asked

ba	ball
bairn	child
bakin	baking
bangin	banging
bargain't	bargained
Bathneet	bath night
battin	batting, beating
battlefiel	battlefield
becum	become
beean, bein	being
behav't	behaved
belangs	belongs
belt't	belted (struck)
beneeath	beneath

better't	bettered	bunyons	bunions
beuk	book	burds	birds
beyke	bicycle	burthday	birthday
bi	by	burths	births
bigges	biggest	bwoard	board
biskies	biscuits	bwoats	boats
bisness	business	bworn	born
blankit	blanket	bwoy	boy, buoy
blaw	blow		
blawn	blown	caase	case
blaws	blows	ca'd	called
bleam	blame	caff	chaff
bleeve, b'leeve	believe	callin	calling
bleud	blood	cappin	capping
boddams	bottoms	capt, cap't	surprised
bodder	bother, trouble	capter'd	captured
bodderin	troubling	Carel	Carlisle
bodderment	trouble	carriet	carried
bodder't	bothered	carryin	carrying
boddom	bottom	catch'd	catched (caught)
boddy	a person	catchis	catches
boilin	boiling	caw'd	called
bool	bowl	ceake	cake
boolin	bowling	chairboddy	chairman (person)
bools	bowls	champyon	champion
boond	bound	chanc't	chanced
bo's	balls	chara	coach, charabanc
bottams	bottoms	chargin	charging
bowlder	boulder. bolder	cheanged, cheang't	changed
breeath	breath	checkin	checking
breest	breast	chimla	chimney
breet	bright	chop't	chopped
brek	break	chowin	chewing
brekfas, brekfus	breakfast	chowwin	chewing
brekkin	breaking	chufft, chuff't	chuffed, pleased
brok	broke, broken	chuntert	complained
broon	brown	churry	cherry
brussen	bursting. very full	claes, cleas	clothes
brutches	breeches	clashy	wet, windy weather
buckle't	buckled	classis	classes
buckshee	spare, free *[fr.Hindi]*	classreum	classroom
builded	built	clearin	clearing
buildin	building	clivver	clever

clobberin	striking, hitting
clowse, clwose	close
clwosin	closing
co	call
co'd	called
collar't	collared
comin	coming
compairt	compared
congrats	congratulations
connot	can't
consarn	concern
contrwol	control
cooch	couch, settee
coolin	cooling
cooncil	council
coonter	counter
coonties	counties
coorse	course
cos, co's	calls
cowd	cold
cowp't	tipped over
crickit	cricket
croose	cruise
crossrwoads	cross-roads
crost	crossed
cuddn't, cudn't	couldn't
cummen	coming
Cummerlan'	Cumberland
cuppa	cup of tea, etc.
cuppla	couple of
Cush	a mild oath
cuz	comes
cwat	coat
cwoaches	coaches
cwoal	coal
cwoast	coast
cwoastleyne	coastline
cwork	cork
cwornet	cornet
cworns	corns
cworses	courses
cwort	court
cworted	courted

daay	day
danderin	walk slowly
darsay, dassay	daresay
darsn, darsn't	dare not
dash't	dashed
dayleets	daylight
deah, deau	do
deead	dead
deeath	death
deek	look, peep
delayin	delaying
demolish't	demolished
detarmin't	determined
deus	does
diamiter	diamiter
dicky	bow-tie
diffrunt	different
diggin	digging
dis	does
dissn't	doesn't
dist'a, dista	dost thou (do you)
divarshin	diversion
divartin	diverting
divishn	division
divvn't, doan't	don't
doddle	something easy
dodgin	dodging
dofft, doff't	undressed
doobt	doubt
dooers	doors
doonstream	downstream
dowters	daughters
dreyver	driver
drinkin	drinking
driss	dress
drist	dressed
dropp't	dropped
drufty	thirsty, droughty
druv	drove
dudn't	didn't
dueh	do
dumpin	dumping
dyke	a hedge

eaged	aged
eddication	education
edgin	edging
eeh,eigh	Eeh! (an exclamation)
eether	either
efter	after
efterneun	afternoon
eh. eigh	eh?
eneaf	enough
entertaanment	entertainment
er	are
es	as
Eshd'le	Eskdale
expectit	expected
eyther	either
fa	fall
faaliure	failure
Faame	fame
faarm	farm
faavouryte	favourite
fadder	father
fail'd	failed
fain	fine
famish	famous, unrivalled
fareweel	farewell
farley	a story
fause	force, false
faut	fault
favouryte	favourite
feaces	faces
fear't	feared
feass	face
feelin	feeling
feightin	fighting
fella, feller	fellow, man
fellseydes	fell sides
fergat	forgot
fergit	forget
fergitten	forgotten
fergittin	forgetting
fer't	for it
fettl't	fettled (mended)
feul's	fools
feuture	future
feyne	fine
feyre	fire
feyt	fight
feyve	five
finish't	finished
finn, finnd	find
finnds, finns	finds
fishin	fishing
fitbaw, fitba	football
fittit	fitted
fizzical	physical
flaycrow	scarecrow
flaysum	frightening
flayt	afraid
fleaks	flakes, flukes
fleein	flying
floatin	floating
flommoxes	flummoxes
flow'd	flowed
fo	fall
fo'en	fallen
follerin	following
follers	follows
follert, foller't	followed
forbye	besides
forret	forward
forrin, furrin	foreign
fortin	fortune
fowt	fought
frev	from
Freyda	Friday
Frinstans	for instance
frunt	front
fulls	fills
fullt	filled
furder	further
furder'n	further than
fust	first
futba, futbaw	football
fwoaks, fowak	folks
fworbears	forebears

fworce	force
fworeneun	forenoon
fwormashon	formation
gaa	go
gaan, gaen	going
gaas	goes
gadgie	man, fellow, chap
gaene	gone
gain'd	gained
gan	go
ganzey	a thick woollen jersey
gardin	garden
garridge	garage
gayly	fairly well
geame	game
gean, geane	gone
geate	gate or way
gedder	gather
gedderers	gatherers
gedderin	gathering
geezer	old chap
gemme	game
geud	good
geusegob	gooseberry
gey	gay (very)
gidder	gather
gie	give
gien, gi'en	given
gie's	gives
gi's	give us (me)
gittin	getting
gitts	gets
givin	giving
gocks, gox	by gocks (an oath)
goller'd	yelled
gollerin	yelling
gommeril	a stupid person
Gor	gor bon (an oath)
gorps	stares
gowd	gold
gran	grand
gran'son	grandson
greapes	grapes
gronfadder	grandfather
grosseries	groceries
grun	ground
Guaard	guard
gulpin	gulping
gwoals	goals
Gwoast	ghost
Gwordie	George
ha	hall
handit	handed
hannlers	handlers
han's	hands
han'sum	handsome
ha-porth	half a pennyworth
harrum	arm
hauf, hawf	half
hawp'ny	halfpenny
headin	heading
heams	homes, hames
hedn't, heddn't	hadn't
heead	head
hembarrass	embarrass
hepitaff	epitaph
Hest, hes'ta	have you [hast thou]
het	hot
hev	have
Hev'nly	heavenly
hevvin	having
hidin	hiding
hing	hang
hingin	hanging
hinsult	insult
hissel	himself
hist'ry, histry	history
ho'd	hold
hoddin	holding
holida, hollida	holiday
Hooiver	however
hoor	hour
hoo's	how is
hoose	house

hoss	horse
hoss-theives	horse thieves
hotchin	fidgeting
hotograffs	autographs
hottin	heating
howk	dig (after a fashion)
hulkin	huge
hundert, hunnerd	hundred
hundertakker	undertaker
Hwoly	holy
hworns	horns
i'	in
idee	idea
impwortant	important
ingag'd	engaged
injin. injun	engine
inseyde	inside
insure't	insured
intendin	intending
inti	into
invadin	invading
iren	iron
i't	in the
itsel	itself
ivver	ever
ivverlastin	everlasting
ivvery	every
ivverythin	everything
ivvrybody	everybody
jackit	jacket
jiggered	worn out
juist	just
kease	case
kent	knew
Kersmus	Christmas
kers'nin	christening
keynd	kind
killt	killed
knacky	handy
knaw	know
knawn	known
knaws, knoas	knows
knockin	knocking
knock't	knocked
kurk	church
laal	little
laff	laugh
laffin	laughing
landit	landed
lang's	long as
langwidge	languages
lannger	longer
larn	learn
larn't	learned
lass	girl
lastit	lasted
layin	laying
leadin	leading
leanin	leaning
leater	later
ledderin	leathering (a hiding)
leeads	leads, loads
leeave	leave
leeavin	leaving
leet	light
leetnin	lightning
leets	lights
leeves	lives, leaves
leevin	leaving
leev't	lived
len'th	length
leuk	look
leukoot	look-out
leuks	looks
leuksta	look you
leuk't	looked
leuv't	loved
leyfe	life
leyfelang	lifelong
leyfeteyme	lifetime
leyk	like.[also laik =play]
leyk'd, leyk't	liked
leyne	line
lickin	licking

liftin	lifting
ligged	lay
liggen	lying (down)
lish	active, sprightly
listn't	listened
Loavin days!	an exclamation
lok	lot
looan	loan
lossin	losing
lowped	jumped
lowps	jumps
lowp't, lowpt	jumped
lowse	loose
lwoacals	locals
lwoad	load
lwocal, lwoacal	local (usu. 'pub')
macheens	machines
mair'n	more than
maiselt	confused
maist	most
mak	make. kind
makkin	making
malarky	carry-on
mannishes	manages
mannish't	managed
manny	many
mappen	perchance
march'd	marched
Marg'rit	Margaret
marra	mate, pal
meade	made
meason	mason
meastley	mostly, mainly
meean	mean
meetin	meeting
mek	make
mekkin	making
meks	makes
meltit	melted
Merrican	American
messel	myself
messige	message
Methody	Methodist

meyle	mile
meyn'd	mind
meyne	mine
mi	my
midden	dung-heap
midfeel	mid-field
minnit	minute
missin	missing
missis	Mrs.
misteeak	mistake
mit	hand
mix't	mixed
modren	modern
moider't	confused
mooth	mouth
movin	moving
munay, munny	money
munth	month
mworn	morn
mwornin	morning
mwotor	motor (car)
mwurn	tamwurn = tomorrow
na	none, near
naatives	natives
nar	near
narra	narrow
narve	nerve
nash'nal	national
natteral	natural
nayshen	nation
neaboddy	nobody
neak	nook
neak't	naked
neames, neams	names
neam't	named
neb	beak, nose
nebb'd	(of clogs) pointed
neebor, neebour, neebor	neighbour
needit	needed
neet, neight	night
Neewhor	no-where
nevvy	nephew

neyce	nice
neyne	nine
neynty-fower	ninety-four
niver	never
noa	no
nobbut	only
nollidge	knowledge
nonnimuss	anonymous
nowther	neither
nowt's	nothings
nwoshon	notion
nwote	note
nwotis	notice
nwotished	noticed
oa	all
oal-farrant	old-fashioned
occipation	occupation
offcumers	off-comers
offen	often
offhan	offhand, casual
on't	on the
onta	onto
ontil	until, onto
ony	any
ooer, oor	our
ooers	ours
oorsel's	ourselves
ootseyde,ootseyd	outside
oppen'd	opened
oppenin's	openings
opposyte	opposite
orkard	awkward
ossifer	officer
o't	of the
outin	outing
owerleukin	overlooking
owerneet	overnight
ownly	only
owther	either
pack't	packed
paddlin	paddling
paggert	exhausted
parkin	parking
passige	passage
passt, pass't	passed
peaper	paper
peeace	peace
pensh'ners	pensioners
perfesser	professor
pernounc't	pronounced
persession	procession
pertend	pretend
pertic'ler	particular
peur	poor
peynt	pint
peype	pipe
pictur	picture
plaane	plane
plaister	plaster
platfworm	platform
playin	playing
pleace	place
plean	plane
pleass-neams	place-names
pleas't	pleased
pockit	pocket
pollis	police
pop'lar	popular
popp	pop
poppin	popping
possts	posts
pow'r	power
prevailin	prevailing
prisent	present
priv'ligt	privileged
privvy	outdoor toilet
proceedin's	proceedings
pruve	prove
pullin	pulling
pull't	pulled
pushin	pushing
push't	pushed
puttin	putting
pwoarters	porters

Pwort	port	sackt	sacked
pwosers	posers	sammat	something
pwost	post	sangs	songs
pwostcards	postcards	santer	stroll
queeres	queerest	sargint	sergeant
questi'n	question	sarra	serve ; animal feed
		sartin	certain
ratchin	hunting about	sartinly	certainly
rayther	rather	sarvice	service
reach't	reached	satisfised	satisfied
readin	reading	scatter`t	scattered
rebuildin	rebuilding	scheul	school
recepshun	reception	scheulmeaster	schoolmaster
reckin's	reckons	scraffels	scrambles
reck'n	reckon	scramally	untidy person
reck'n't	reckoned	scutterin	scuttling
rec'lect	recollect	seapp	soap
reetly	rightly	seav't	saved
reets	rights	sebben	seven
reg'lar	regular	sebbenty	seventy
reight	right	secind	second
reilways	railways	secindhandit	second-hand
reneam'd	re-named	seckleyke	suchlike
repwort	report	sed	said
resarve	reserve	seea	so, thus
restin	resting	seein	seeing
retir't	retired	seekin	seeking
reum	room	seem't	seemed
reyder	rather	seet	sight
reyfles	rifles	seggars	cigars
reyse	rise	sekind	second
Rickergate	a street in Carlisle	selt	sold
riddy	ready	serciety	society
rist	rest	seshins	sessions
rivver	river	Setterda	Saturday
roond	round	seuner	sooner
rowte	route	seur	sure
russlers	wrestlers	seur's	sure as
russles	wrestles	sewerlie	surely
rwoad	road	seydebwoard	sideboard
rwoar	roar	seydestep	side-step
		seyn'd	signed
sa	saw	sez	says

shadda	shadow	steages	stages
shaff	'bother!'	stickin	sticking
sharpish	sharpish	stoot	stout
sh'd	she had/would	stoppen, -in	stopping
sheame, sheam	shame	stopt, stop't	stopped
shek	shake	straange	strange
shootin	shouting, shooting	strang	strong
shootit	shouted	strangger	stranger
shoppin	shopping	strapt	strapped
showders	shoulders	streakin	'streaking'
shud	should	streight	straight
shwort	short	streyke	strike
siccan	such a one as	subjec, subjick	subject
signallin	signalling	suddin	sudden
signposs	sign-post	sumbody	somebody
singen	singing	summetery	cemetery
sinngle	single	summon't	summoned
slappin	slapping	Sumteymes	sometimes
slitherin	slithering	sumwheer	somewhere
smeukin	smoking	supp'd	supped
smiddy	blacksmith's shop	suppwort	support
smo	small	suppwosed	supposed
snapp't, snap't	snapped	su'prise	surprise
sociashun	association	swappin	swapping
Solwa	Solway	sweatin	sweating
soond	sound	sworrn	sworn
soouth	south	sworry	sorry
soppwosed	supposed	swort	sort
sovrans, sovreans	sovereigns	swortit	sorted
spak	spoke		
speedin	speeding	t`owd	the old
spen	spend	ta	to
spendin	spending	t'a	tha = thou
spreead	spread	taa	as prec. or 'thanks'
Springteyme	springtime	tackel	tackle
s'pwose	suppose	tagglets	hangers on
staate	state	taistrels	good for nothings
stabbin	stabbing	tak	take
stan, stan'd	stand	takkin	taking
stannin	standing	taks	takes
stan's	stands	taneet	tonight
stashin	stashing (storing)	targin	charging
steage	stage	tatie	potato

taweel	fares-ta-weel farewell
tay	tea
teabble	table
teall teale	tale
tean	taken (or 'the one')
teateyme	tea-time
teauk	took
teck	take
teeams	teams
tek	take
tekkin	taking
teks	takes
tellyvision	television
telt, te'lt	told
ter	to
teubin	tubing
teyde	tide
teymne	time
that'n	that one
th'd, the'd	they had
thee	you
the'll	they will
the'r	their
ther'll	there will
thersels, thersel's	themselves
the've	they have
thinkin	thinking
thisel, thissel	thyself
tho	though
thon	yon (that one)
thoo'd	you would
thoo'll	you will
thoos	you are
thoosan	thousand
thrwoat	throat
thy	your
til	until
tiv	to(wards)
toak	talk
toakin	talking
toak't	talked
toomstean	tombstone
toon	town

topcwoat	top-coat
touchleyne	touch-line
touch't	touched
towd, tow'd	told
towped	tippled over
trampl't	trampled
travellin	travelling
treedin	treading
trew	true
trewth	truth
trubble	trouble
tryen	trying
Tuesda	Tuesday
turrn	turn
turrnin	turning
turrns	turns
t'wad	it would
twea	two
twes	it was
ud	would
undertakker	undertaker
unloadin	unloading
uns	ones
upseyde	upside
ur	her
urly	early
uset	used
use't	use the
vally	valley, value
vallyble	valuable
varaneer	very nearly
varnar, varneer	nearly, very near
villidge, villige	village
wa	wall
waar	war
waay	way
wadden't, waddn't	would not
waitin	waiting
wannder	wander
wannt	want
wanntit	wanted
wannts	wants

wark	work
warld, warrld	world
warrm't	warmed
warrum	warm
watchin	watching
wativver	whatever
wat'll	what will
wat's	what is
wattchd	watched
watter's	water is
Watty-('a' very short) - Watty [Walter]	
wattyt	what it
Waw	wall
weas	whose
weastit	wasted
wedder	weather (or sheep)
weearin	wearing
weel	well
weighin	weighing
welcum	welcome
we'r	we are
wesh	wash
weshin	washing
wessn't	was not
we'v	we have
wey	way, why
weyde	wide
weyfe's	wife's
whae	who
Whaer	where
whan	when
whar	where
whativver	whatever
whaur	where
whedder	whether
whenivver	whenever
whiet	quiet
whoapin	hoping
whoar	where
whoarivver	wherever
whoar's	where is/has
wholl	hole
whols	holes
whope	hope
whope't	hoped
whussle	whistle
whusslin	whistling
widda	widow
widout	without
willn't	will not
wimminfwoak	womenfolk
wimmin's	women's
winda	window
windin	winding
woak	walk
woakin	walking
woak't	walked
wor	where / our
wot	what
wrang	wrong
wreyte	write
wreytes	writes
writen, -in	writing
wun	won
wunder	wonder
wunderin	wondering
wurds	words
wurk	work
wurkin	working
wurry	worry
yabble	able
yage	age
yammerin	incessant talk
yan's	one's
yanupmanship	one-up-man-ship
ye'lI	you will
yer, ye'r	your
yetts	gates
yeuman	human
Yis, yuss	yes
yit	yet
yung	young

*** *** ***

E&OE

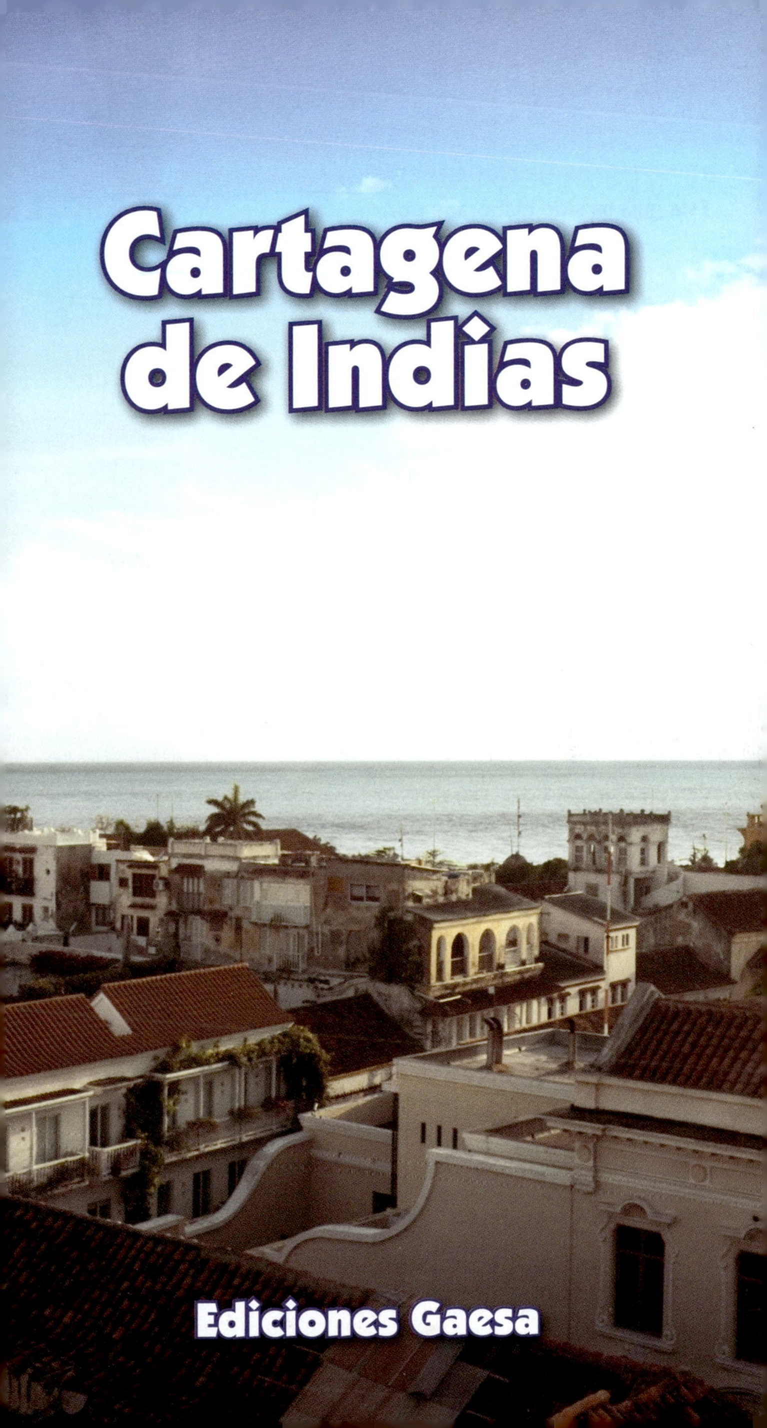

Cartagena de Indias

Ediciones Gaesa

Esta guía ha sido elaborada por:

GUÍAS AZULES DE ESPAÑA

Texto JESÚS GARCÍA
IRMA GONZÁLEZ
MARÍA PÉREZ-PLA

Fotografía Archivo Guías Azules de España
Proexport Colombia
Ministerio de Comercio,
Industria y Turismo

Maquetación Fernando Gamero

Cartografía: cedidas por organismos oficiales y otras instituciones. Adaptación: Fernando Gamero.

Diseño de Portada: Joaquín González Dorao

Antonio Maura, 18. 28014 MADRID
Correo electrónico: gaesa@guiasazules.e.telefonica.net
www.guiazuldeltrotamundos.es

ISBN: 978-84-8023-971-4
Depósito Legal: M-16548-2017

INTRODUCCIÓN

Cartagena –a unos mil kilómetros de Bogotá– es la capital del departamento de Bolívar. Cartagena es historia y gente: las palenqueras vendiendo fruta, las fachadas, rojas, pajizas, con pintorescos balcones voladizos; ciudad, en definitiva, marcada por su arquitectura militar de baluartes y fortines.

En esta urbe caribeña –leemos en un magnífico texto– lo mejor es *soltarse la moña, calzarse unos buenos zapatos y dejarse llevar por los corrillos, disfrutar de la algarabía de las palanqueras, colarse en los patios, espiar las ventanas por las que se divisan aún largos comedores vestidos con la fina lencería usada en los tiempos de la Colonia.*

Sobre el poblado indígena de Calamar o Calamy o Kalamarí, en una bahía de ocho millas de largo por cuatro de ancho –defendida del mar abierto por Tierra Bomba y las islas del Rosario– sentó sus reales Cartagena de Indias, *portu comodissimo.*

Según algunos historiadores es la tercera ciudad fundada en América. Fue en 1984 declarada por la Unesco Patrimonio de la Humanidad por su majestuosa arquitectura colonial y especialmente por sus baterías e impresionante recinto murario de los siglos XVII y XVIII.

Al cromatismo de sus mansiones con sus típicos balcones floreados se unen media docena de templos de gran valor artísticos más una serie de plazas señoriales de gran belleza, como la de la Aduana, la de los Coches, la de las Bóvedas, la de Santo Domigo, San Diego, etc.

Por otra parte, Cartagena es a todas luces el centro turístico más importante del Caribe colombiano, buena prueba de ello es que en los próximos años tres grandes compañías españolas (Iberostar, Sol Meliá y Globalia) tienen grandes proyectos de inversión en la zona y de hecho Melià ha inaugurado un hotel de cinco estrellas y Iberostar tiene, tendrá, un impresionante hotel de sesenta plantas.

La temperatura media en la zona es de unos 28° C, según el día varía entre los 22 y 33°C, por eso hay que llevarse un buen protector solar y ropa cómoda, aunque Cartagena cuenta con numerosas tiendas en las que venden prendas de lino y algodón de calidad a precios asequibles. En invierno se puede uno bañar, y tan ricamente. No es un tópico, los cartageneros son amables y hospitalarios. Las playas cercanas a Cartagena, las de Bocagrande y Castillogrande, no están mal, pero no esperéis nada extraordinario, para disfrutar de las playas típicamente caribeñas, con su fondo azul turquesa, hay que ir a las islas del Rosario o a Barú, a ambos paraísos se llega fácilmente en barco desde el muelle turístico que está cerca de los Pegasos; o sea, en la misma ciudad histórica, al lado de las murallas y frente al Palacio de Congresos. De todas formas es bueno saber que en los

alrededores de la ciudad amurallada se reparten casi 20 km de playas de arena blanca.

Como vamos viendo, no hay una sino varias Cartagenas: la moderna que bordea Bocagrande y que está a rebosante de hoteles y espigados rascacielos casi todos blancos. Su contrapeso, aunque bien que participa del turismo, es la Cartagena histórica, llamada *Corralito de Piedra.*

Desde luego, Cartagena fue lo que fue por su situación estratégica: gracias al canal del Dique la urbe quedó bien comunicada con el Magdalena, arteria fluvial que, como ya

os hemos explicado varias veces, recorre de norte a sur Colombia y que, por su continuo tráfico de mercancías, tuvo un ineludible paso aduanero en la pintoresca villa momposina, otra de las joyas coloniales que atesora Colombia y a la que se llega en varias horas desde Cartagena. Es ésta, la de Mompox, una excursión o subescapada que para disfrutarla son necesarios un mínimo de dos días.

Los primeros colonos cartageneros se enfrentaron a una vegetación ciertamente exuberante, antes de comenzar la construcción de su ciudad tuvieron que emplearse a fondo para desbrozar el área. La misma era tan impenetrable que todo el mundo se dedicaba a cortar hierbas; incluso las tareas de desmonte eran tan necesarias que se tenían en cuenta para rebajar las penas.

El siguiente problema fue el derivado de la falta de fortificaciones. Rondaban constantemente la ciudad corsarios, bucaneros y piratas, y hubo que persuadirles de lo contrario construyendo fortalezas en Boquerón y punta Icaco. Más tarde se mejoró el sistema defensivo al levantarse los fuertes de San Fernando, Manzanillo, Santa Cruz y San Fernando.

Cartagena fue bastión de la Corona Española y, verbigracia, año después foco independentista frente a la cercana Santa Marta que era un bastión realista. En efecto, un 22 de mayo 1810 algunos cartageneros instituyeron la primera Junta de Gobierno, sobran en la ciudad placas y monumentos que recuerdan tan importante efemérides. La chispa independentista saltó en Cartagena y poco después se propagó por Cali, Pamplona, Socorro, Santafé de Bogotá....

Pero la alegría criolla duró poco. Murillo, al mando de sus realistas sitió la ciudad durante 105 días; el asedio causó 10.000 muertos y consiguió que la plaza volviera a la Monarquía Hispánica (1815). Cartagena estuvo en el regazo de la Madre Patria hasta 1821.

En 1920, ante el auge cafetero, mejoró un poco la economía de esta parte de Colombia; pero el verdadero impulso le vendría más tarde a la ciudad amurallada gracias a dos factores: (1) el impresionante conjunto monumental que dejaron los españoles, a modo de ejemplo y como botón de muestra, basta decir que el castillo de San Felipe de Barajas, con sus 63 cañones, se considera la mejor y más importante obra de ingeniería construida en el mundo colonial español y (2) la construcción, cerca del recinto histórico, a veinte minutos andando, de numerosos hoteles en la larga playa de Bocagrande.

Por cierto, Bocagrande fue paraje cubierto por manglares hasta que un grupo de empresarios compraron por un peso 30.000 m² en los que construyeron el lujoso hotel Caribe y jardines, tal complejo fue inaugurado en 1943. Y con el mismo comenzó la Cartagena turística. Luego los bohemios comenzaron a comprar casas y a instalarse en el casco antiguo con lo que poco a poco se fue forjando la Cartagena turística por la que hoy paseamos.

Cartagena nació como sistema defensivo gracias, repetimos, a su estratégica situación en el Caribe y entre cerros que permitían la vigilancia. O sea, entre el convento de la Popa, el castillo de San Felipe de Barajas y los fuertes de los alrededores. El centro histórico está rodeado por cerca de 11 kilómetros de murallas, uno de los principales atractivos con que cuenta la ciudad, cada tramo murario tiene un cartel de madera en el que se explica su historia.

La construcción de las murallas se inicio en el año 1587 y se demoró casi dos siglos ya que sólo hacia 1796 fueron terminadas. Aquí cabe recordar un dicho popular en Colombia *nadie sabe para quien trabaja.* Es curioso observar como cada arco de la muralla es utilizado, especialmente los fines de semana, por parejas de enamorados quienes pasan bastantes horas observando el mar.

La actual Cartagena es una abierta bahía a cuya vera se ha construido una moderna área turística, Bocagrande. En la ciudad amurallada está la plaza de Santo Domingo, un muy buen punto de encuentro para quienes quieren disfrutar de gran variedad de comida nacional e internacional y platos mixtos. En el parque Bolívar puede pasar un rato agradable, conversando con los abuelos cartageneros, algunos pensionados, estarán gustosos de contarle muchas historias. Y si de rumbear se trata, en el Barrio Getsemaní, que es la zona

Fotografía: Salvatore Basile

rosa de Cartagena, se encuentran bares, discotecas, restaurantes y hoteles de todo tipo, desde los hoteles boutique hasta los que habituales de los mochileros.

La Cartagena amurallada se divide en tres grandes zonas: el Centro-San Diego, donde se encuentran los monumentos más importantes, La Matuna, junto al parque Centenario, que tiene su sabor, sus puestos de libros y sus puestos para tomar camarones y marisco llamados *coctelerías.*

Pero no todo es historia, rumba y turismo en Cartagena, recuérdese que esta ciudad también es un importante centro internacional de negocios, por ejemplo fue la sede de la primera y séptima ronda de las negociaciones del Tratado de Libre Comercio (TLC). Es la cuarta ciudad industrial del país y el principal puerto de contenedores y cruceros de Colombia.

"ESPAÑOLES POR EL MUNDO COLOMBIANO": *Nyiueldue era el padre del oro, / de la canoa y de los árboles* (mitología Kogui). La conquista de lo que hoy llamamos Colombia por parte de los españoles no fue una cosa programada por la Corona, sino producto de aquellos hombres que le echaban valor al asunto y se metían en tierra incógnita a la busca de riquezas. Hacia 1525 Rodrigo de Bastidas fundó Santa Marta. Sin embargo hasta 1528 no se puede hablar de progresos en la tarea colonizadora: entonces se trajeron plantas europeas, se comenzó a construir, vinieron artesanos de la Madre Patria y se comenzó a repartir la tierra. Pero la cosa no cuajó. En 1533 Pedro de Heredia fundó Cartagena. Pero Heredia se dedicó a pillar todo el oro que pudo, y poco más. Y lo mismo hizo su colega Francisco César (1537) quien se adentró en Antioquía con el fin de expoliar el oro de las tumbas de los Sinú. Entre tanto el oriente colombiano, por concesión de la Corona, quedaba en la órbita de los comerciantes alemanes: los Alfiger, los Wesler, etc. Éstos penetraron en el interior en 1539, hacia Valledupar, Norte de Santander, incluso llegaron a la Sabana de Bogotá.

LA COCINA CARTAGENERA mezcla la herencia hispana y africana. Entre sus platos típicos: la crema de langosta, el sancocho de sábalo, o sea pescado, o de gallina, caracoles marinos con ajo o leche de coco, filete de róbalo a la cartagenera bañado también con leche de coco, camarones frescos, langostinos en salsa de maracuyá, etc. Todo ello acompañado de arroz con coco. Para picar algo no os perdáis la famosa "arepa huevo",

que es, pues eso, una arepa de maíz con un huevo frito dentro, delicioso, las venden por todas partes, incluso en los chiringuitos de la playa. En algunos hoteles preparan unas pequeñitas para el desayuno. Últimamente han abierto varios restaurantes de cocina caribeña muy elaborada. En cuanto a los dulces, hay de varios tipos: las cocadas, que son bolitas de virutas de coco y pueden tener guayaba o piña, la bola de tamarindo, fruta muy del lugar; recomendamos también el zumo de tamarindo, las conservas de plátano o de guayaba, los casabes, que son como empanadillas rellenas de coco o plátano y los dulces de leche, algunos tienen forma de muñecas. Además de probar todo esto en el centro histórico o por la zona hotelera, es recomendable darse un paseíto por Tierra Bomba o Bocachica, donde sobran restaurantes cutrillos o chiringuitos con encanto, de pescado fresco.

EL PUERTO. Antemural del virreinato de Nueva Granada, Cartagena fue fundada en 1533 por Pedro de Heredia para convertirse poco después nada menos que en el principal puerto de la Monarquía Hispánica en el Caribe. De su magnífica situación estratégica pronto se dio cuenta Juan Díaz Vallejera (1570) quien en epístola al rey escribía que el mencionado varadero *es uno de los mejores de América e incluso del mundo;* bien es verdad que tenía un problema: los barcos y galeones tenían que anclar lejos de la ciudad con lo que había que trasladar bultos y pasajeros en canoa. O sea, que por tan importante puerto tenían salida y entrada no sólo las

mercancías neogranadinas, colombianas, sino también aquellos productos que arribaban de las lejanas tierras de Popayán y de más abajo, de las gobernaciones quiteñas. De modo que Cartagena, lugar de escala y abastecimiento, se convirtió en un centro exportador de víveres.

ENTRE LOS PIRATAS que rondaron o atacaron Cartagena de Indias los más célebres fueron Cote, Hawkins y Drake. En 1740 Edward Vernon más Chalamar Ogle y sus muchachos planearon ocupar Cartagena. Estaban seguros de la victoria, incluso acuñaron el emblema "los fuertes de Cartagena destruidos por el Almirante Vernon", pero se quedaron con las ganas dado que los espías españoles en Inglaterra se enteraron de los planes y Cartagena se preparó para recibirlos. Para ello se pusieron en alerta 500 soldados y se entrenaron a 2.500 hombres más. Las 186 barcos de la flota de Vernon alineáronse entre Punta Canoa y Bocagrande, entre todos sumaban más de dos mil cañones y más de veinte mil eran los combatientes. El 1º de abril comenzó la batalla. Los ingleses pudieron encaramarse hasta el convento de La Popa, pero fueron pasto de las enfermedades (les dolía el estómago y tenían malaria, disentería y fiebre amarilla). De modo que facturaron lo poco que robaron y se marcharon. La victoria se la llevaron don Blas de Lezo y su gente…

LA CIUDAD DE CARTAGENA está situada en una playa de arena, dentro de un puerto llamado Bocachica, cuyo término es muy propio, porque la boca de dicho puerto es tan chica que dos naves de guerra a la par no pueden pasar juntas. Dentro es muy grande, y tanto, que alrededor tendrá sobre tres leguas. En la bocana tiene una fortaleza y una torre, donde se pone de noche un farol para guía de los navegantes. Y en la fortaleza el estandarte con las armas del Rey de España. A mano izquierda, ya dentro del puerto, hay dos fortalezas, y en medio, en la mitad del puerto, hay otra fortaleza en un escollo de peña, llamado El Pastelillo.

A la mano derecha, a un lado de la ciudad, sobre de un elevado cerro, que predomina la ciudad y el puerto, hay un fuerte castillo, que llaman San Lázaro. Este cerro en la mitad se divide en dos; y sobre el otro hay un Santuario, que es convento de religiosos agustinos, cuya patrona es un simulacro de la Virgen Nuestra Señora llamada la Virgen de la Popa, muy milagrosa, especialmente en favorecer a los navegantes…

(Descripción de Cartagena por fray Juan de Santa Gertrudis Serra, siglo XVIII).

GABRIEL JOSÉ DE LA CONCORDIA GARCÍA MÁRQUEZ, Gabo, Gabito, nació en Aracataca (1927), pueblito entre la Sierra Nevada de Santa Marta y Barranquilla. Estudió en el colegio San José de Barranquilla y fue buen amigo, en la Universidad, del célebre Camilo Torres Restrepo. Vivió en Bogotá y luego en Cartagena, donde todavía tiene una casa (precisamente en Cartagena recibió, como huésped, a Fidel Castro). Su casa es la de fachada rojiza de la calle del Curato (cerca del hotel Sofitel Santa Clara), tiene unas paredes que prácticamente la convierten en inexpugnable, pese a que hace unos años entraron en ella unos ladrones. Esa casa por cierto quería comprarla Julio Iglesias y fue proyectada por el arquitecto Rogelio Salmona. Actualmente, el escritor sobre todo vive en México.

Como es sabido, Gabo trabajó en varios periódicos, publicó algunas de sus conocidísimas novelas y tuvo que semiexiliarse en México. Ganó, en 1982, con guayabera y todo, el Premio Nobel. Las historias de doña Tranquilina, realismo mágico en forma de historia oral, le animaron a escribir *Cien años de soledad.* Los escenarios de la juventud bohemia de García Márquez son los hoteluchos y burdeles de Barranquilla, Cartagena de Indias y Bogotá.

En Cartagena ha pasado algunos período de su vida y fue en esta ciudad donde escribió *El amor en los tiempos del cólera* (1985) y *Del amor y otros demonios*, novela que recrea la Cartagena de Indias en el siglo XVIII y las desventuras de un cura de treinta años. Por último, recordar que en Cartagena se hacen rutas por el mundo del realismo mágico y de García Márquez. Son unos paseos turísticos que, sin duda, se irán reforzando con el paso del tiempo, casi como lo que pasa con Joyce en Dublín.

MIGUEL DE CERVANTES (1547-1616) –ese señor que fue capaz de escribir el Quijote con una mano– un 21 de mayo de 1590 solicitó al rey (de España) se le nombrase en el cargo de contador del almacén de Galeras de Cartagena de Indias, dependencia de ultramar que había sido creada en 1589. Se le denegó el cargo y se le dijo que buscara en España (por acá) algún cargo en *que se le haga merced.* Más de un autor ha especulado sobre lo que habría sido de Cervantes si hubiera ido a Cartagena y en esa ciudad y parajes hubiera escrito el Quijote, tal vez otro

Quijote. En Cartagena de Indias, antes de entrar en la Puerta del Reloj, hay una plaza y una escultura que representa al genio e ingeniero español.

REINADO NACIONAL: Este es el nombre que se le da a la elección de Miss Colombia, que tiene lugar, desde 1934, todos los noviembres en Cartagena. Incluso veréis en un rincón cartagenero que se han grabado, en el suelo, como en el Paseo de la Fama de Hollywood, las estrellas con los nombres de las últimas reinas de la belleza; aunque en España no le hagamos mucho caso a estas cosas, aquí es un evento sin precedentes seguido por todos los colombianos, hasta hay apuestas y piques entre los departamentos, etc.

EL DEPARTAMENTO DE BOLÍVAR: Cartagena es la capital del alargado departamento de Bolívar, poblado por más de un millón de habitantes. Colinas en el norte y áreas llanas como la depresión momposina o la planicie caribeña componen la orografía departamental. Los suelos son sedimentarios y rinden poco, por lo que predominan los pastos y la ganadería. Los bosques son tropófilos, y además se encontró oro, aunque no mucho, en Galerazamba. En este departamento o provincia el clima es cálido y las lluvias suelen ser inferiores a los 1.500 mm.

Café Valdez

"Fidel en Donde Fidel",
Portal de los Dulces

Terraza de Bocagrande

SIMÓN BOLÍVAR. El Libertador de América y concretamente de cinco repúblicas latinoamericanas, o sea Simón José Antonio de la Santísima Trinidad Bolívar y Palacios nació en Caracas y murió en Santa Marta (Colombia, 1930). Tuvo como maestros a un capuchino español y al gramático Andrés Bello. Con catorce años pudo estudiar en Madrid y llegó a subteniente. En Italia juró que liberaría su patria. Pasó muchos años entre victorias y derrotas hasta que, por fin, en 1819 (batalla de puente de Boyacá), consiguió derrotar a los españoles y entrar en Santa Fe de Bogotá. En 1821 presidió la Gran Colombia que agrupaba a Ecuador, Venezuela, Colombia. Desde luego, dejó doctrina escrita y un montón de frases y discursos solemnes; participó en más de cuatrocientos combates. Aquí estuvo, por aquí pasó, en esta casa tomó el fresco Bolívar... en Cartagena hay una placa en la casa que habitó Bolívar, hay un parque Bolívar y como en toda esta parte de América el casi obligado culto a la personalidad de Bolívar.

INFORMACIÓN PRÁCTICA

EN ESPAÑA

PROEXPORT COLOMBIA: Claudio Coello, 8. Es la oficina encargada de la información turística en España. Suelen tener planos y folletos de Cartagena de Indias.

EMBAJADA DE COLOMBIA: paseo General Martínez Campos, 48, Madrid. ☎ 917 00 47 70. Consulado de Colombia: Zurbano, 34; Madrid, ☎ 913 10 04 41.

EN CARTAGENA DE INDIAS

OFICINA DE TURISMO: se encuentra en la plaza de la Aduana, en el casco histórico, ☎ 660 15 83. **Horario de atención:** lunes a sábado: de 9 a 12 y de 13 a 18 h. Hay puntos de información en la plaza de la Paz, en la avenida del Malecón (Bocagrande), en el aeropuerto (abierto desde las 7 hasta las 23 h). Y en la Sociedad Portuaria cuando llegan los cruceros.

CORPORACIÓN CARTAGENA DE INDIAS, en el Muelle Turístico La Bodeguita, ☎ 655 02 11, 655 02 77.

CONSULADO DE ESPAÑA: plaza de Santo Domingo, Centro de Formación, convento de Santo Domingo, ☎ 664 09 64. cog.cartagenadeindias@maec.es

CÓMO IR

No es mala idea ir a una o varias agencias y ver los precios de un paquete turístico a Cartagena. **Avianca** (www.avianca.com), **Iberia** (www.iberia.es) y Copa son las compañías más probables que cogeréis para ir a Cartagena. De ir con Iberia se pasa por Bogotá y luego Avianca (algo más de una hora) os lleva a Cartagena. En el caso de enlazar en Bogotá con el vuelo internacional, hay que pedir Exención de Impuesto en la ventanilla 19 del aeropuerto capitalino (se puede solicitar si se es viajero internacional y se va a estar en Colombia menos de sesenta días).

EL AEROPUERTO DE CARTAGENA DE INDIAS. ☎ 693 13 51 ó 656 92 00 www.sacsa.com.co Lleva el nombre de Rafael Núñez (tel. 666 66 10) se encuentra bastante cerca del centro histórico y de Bocagrande. La terminal tiene una sección de vuelos internacionales y otra de nacionales, ambas están juntas. Hay un punto de **información turística** junto a la salida de nacionales. Junto a salida veréis **cajeros** de varios bancos, entre ellos los del Banco de Santander y los del BBV. Al fondo del pasillo (salidas) veréis una oficina de **cambio,** el cambio es un poco peor que el que encontraréis en las casas de cambio del centro histórico (una de las mejores al lado del Portal de los Dulces), pero tampoco se puede calificar de un cambio malo (por ejemplo, si aquí os dan 1.770 por dólar, en el centro os darán 1.830 ó 1.840 por lo mismo (tampoco la diferencia es que se abismal).

El aeropuerto, lógicamente, cuenta con varias cafeterías, restaurantes, tiendas de artesanía, oficina para **alquilar coche** de las compañías más importantes, locutorio, tienda de regalos relacionados con el café, hasta encontraréis licor de café: *Colombian Coffee Center* y varios sitios de comidas, la terracita *Snack Bar,* y un par de confiterías: *La Repostería* y *Aerodelicias.*

EXENCIÓN DE IMPUESTOS: para períodos de estancia corta, que será probablemente el tipo de viaje que haréis, hay que solicitar, repetimos, en la ventanilla correspondiente del aeropuerto (al salir del país, vuelo internacional, no local), la exención de impuestos que es gratuita (no se paga tasa). Para períodos de estancia de un par de meses o de varios meses se paga una tasa, al salir, que es proporcional al tiempo que se ha estado en Cartagena (la tasa se puede pagar en moneda colombiana, dólares, euros y con la tarjeta de crédito).

SEGURO DE VIAJE

Hay que viajar con un seguro que al menos cubra los gastos de medicamentos, accidentes, repatriación en caso de enfermedad o accidente grave, pérdida de equipaje, etc. Si viajáis con una agencia mayorista, ésta siempre incluye un seguro en el circuito, pero muchas veces cubre poco. Entre las compañías más importantes que hacen seguros: www.europ-assistance.es www.mondial-assistance.es No hace falta ninguna vacuna para visitar sólo Cartagena, si un buen repelente de mosquitos, por ejemplo Relec o Mosiguard.

EN LA MALETA

ROPA. Veraniega, suelta y ligera, al caer de la tarde y por las noches refresca pero poco, el clima es entonces muy agradable. Gafas de sol, un buen protector solar, antimosquitos y recordar que muchas compañías aéreas ya cobran por la segunda maleta, además hay varias lavanderías en el centro cartagenero y en Bocagrande. Bueno y también podéis comprar ropa de lino, algunas tiendas tienen diseños de una excelente calidad.

ELECTRICIDAD: en Cartagena la corriente va a 110 voltios, con tomas de tipo americano. De modo que hay que llevarse un adaptador para el enchufe de dos clavijas planas (muy fácil de encontrar en España, los hay que valen un par de euros).

PASAPORTE, VISADOS, ADUANA

Los españoles pueden viajar con el pasaporte en vigor, mejor que falten por lo menos seis meses para que caduque. Si entráis como turista podéis estar hasta tres meses y deberéis presentar tiquete de ida y vuelta. Si no se va a ir como turista hay que obtener el visado. Más información en la embajada. Con respecto a la aduana, el turista puede importar como equipaje acompañado o no acompañado sus efectos personales, así como también hasta seis libros, seis revistas, seis grabados, seis impresos, seis licores, dos cámaras fotográficas, dos artículos eléctricos de tocador para uso personal y dos artículos propios del arte u oficio, ordenadores portátiles y cámaras de vídeo; sin que para introducirlos en el país se necesite de registro o licencia de importación, o deba pagar gravamen, mientras que en conjunto no superen la suma de mil dólares. En ningún caso introducir material de transporte, completo o en piezas ni alimentos. Asimismo se pueden llevar hasta 10.000 dólares en efectivo o títulos representativos de los mismos, sin no se excede esa cantidad no hace falta presentar la Declaración Aduanera.

Para entrar en Colombia tenéis que indicar, al pasar el control del pasaportes, dónde os alojaréis (por lo menos las primera noche), de no ser así os pueden negar la entrada en el país (aunque esto depende del policía control, pues si este lo decide os puede dejar entrar, pero, repetimos, es mejor tener una dirección de hotel). Debéis rellenar un formulario que os darán en el avión y que se lo quedan antes de pasar el control de aduana.

MONEDA Y CAMBIO

La moneda es el peso colombiano. Los dólares o euros se cambian en los bancos (lunes a viernes desde las 9.00 a las 15.00 h) o en las casas de cambio (de las 9.00 a las 18.00 h). Los billetes son de 1.000, 2.000, 5.000, 10.000, 20.000 y 50.000; las monedas que más utilizaréis son las de 500 (parecida a la moneda de euro) y las de doscientos, plateadas; las de cien son doradas.

Sale más a cuenta cambiar dólares que euros, el cambio con nuestra moneda es peor. Lo que pasa es que si tenemos que comprar dólares en un banco español también se lleva la institución financiera su tajada.

DÓNDE CAMBIAR DINERO: uno de los mejores sitios para hacerlo es en la casa de cambio que está en un lateral del Portal de los Dulces (**Cambios Óscar**), al lado veréis un **locutorio** que es bastante barato, por si hay que llamar a España. Hay casas de cambio en casi todos sitios (algunas de las que mejor cambio dan están en la calle Carretas y en la calle del Colegio).

BANCOS: en la plaza de la Aduana, a un lado y al otro de la Oficina de Turismo, tenéis una oficina del Banco de Santander y al otro lado, la del Banco de Bilbao Vizcaya. Tanto en el aeropuerto como en la ciudad encontraréis numerosos cajeros automáticos.

DIFERENCIA HORARIA

La diferencia horaria con España es de seis horas. Cuando en Cartagena son las 7:00 de la mañana en España son o las 14:00 o las 13:00 h, dependiendo de la época. En resumen, cuando estéis en Colombia tenéis que sumar 6 ó 7 horas para saber la hora española. Hora según meridiano: - 5 GMT.

ALQUILER DE COCHE

AVIS www.avis.es
BUDGET www.budget.es
HERTZ www.hertz.es

DATOS PRÁCTICOS

LLAMAR A ESPAÑA DESDE CARTAGENA. Prefijo internacional: 009, 007 ó 005 más 34 más teléfono al que se llama.

LLAMAR DESDE ESPAÑA A CARTAGENA: primero hay que marcar el prefijo de Colombia, 57; luego el indicativo de la ciudad a donde desea llamar, en el caso de Cartagena el 5, y por último se marca el número del teléfono deseado.

INTERNET: muchos cíber tanto en el centro histórico (San Diego) como en el barrio de Getsemaní.

LAVANDERÍAS: todos los hoteles importantes y bastantes hostales cuentan con servicio de lavandería. Un sitio que está muy bien para que os laven, cobran por piezas, es el *Lava-seco Costamatic* con varias sucursales en la ciudad: en Getsemaní, Calle 32 núm 9-60 ☎ 664 64 88; en Bocagrande, Cra. 3 núm. 7-84, ☎ 300 3705338.

SUPERMERCADOS: si queréis comprar comida para el apartamento o la playa hay en el centro histórico dos supermercados bastante buenos de la cadena **Éxito** (abren todos los días de las 8.00 a las 21.00 h). Cuentan con un bar-restaurante con comidas preparadas (bien cocinadas y a precios asequibles), también en el bar podéis comer o beber los productos del súper pero antes hay que pasar por la caja, pagarlos y os pondrá una pegatina en el refresco, cerveza o paquete de galletas.

SI SE ROMPE LA ROPA: hay una costurera que trabaja bastante bien en uno de los locales (el 107) del centro pasaje Badillo: Carmen Caro Aguilar teléfono móvil: 313 508 36 08. Por cierto, en este centro hay un bar-terraza amplio y con precios muy asequible.

MONUMENTOS: en los más importantes, incluso las iglesias, para verlos hay que pagar una pequeña entrada.

SEGURIDAD: Cartagena es una ciudad bastante segura, además hay policía por todo. En Getsemaní, aunque hay zonas que tienen aspecto algo cutrillo, es también una zona segura.

CARTAGENA IMPRESCINDIBLE

1. RECINTO MURARIO: uno de los más espectaculares del mundo colonial español. Al caer de la tarde es obligado pasear por las murallas mientras refresca la brisa marina.

2. PLAZA DE LA ADUANA: es la plaza más grande de la ciudad y uno de los espacios más señoriales de Colombia.

3. PLAZA DE LOS COCHES: con la torre del Reloj, uno de los emblemas de la ciudad, y aquí está el famoso Portal de los Dulces, lleno de tipismo.

4. CATEDRAL: destaca el cromatismo de su cúpula que se ve desde todas partes, y por su retablo mayor tallado en piedra y "recubierto de oro".

5. PLAZA BOLÍVAR: preciosa por su vegetación y por el bellísimo palacio de la Inquisición (Museo Histórico de Cartagena) que cierra uno de sus lados.

6. IGLESIA DE SANTO DOMINGO: construida en 1539 por lo que es el templo más antiguo de la ciudad.

7. SAN PEDRO CLAVER: con una impresionante fábrica que define la faz de la ciudad, sobre todo si se mira desde fuera de las murallas.

8. CLAUSTRO DE SAN FRANCISCO: en Getsemaní y levantado a mediados del siglo XVI, al lado se encuentra la iglesia de la Orden Tercera.

9. CALLES DEL CASCO HISTÓRICO: muchas de ellas con mansiones, balcones y ventanas coloniales.

10. FUERTE DE SAN FELIPE: una de las obras más colosales que se hicieron en tiempos hispánicos.

11. ISLAS DEL ROSARIO Y BARÚ: es obligado hacer una excursión por lo menos de un día a las mismas para disfrutar del azul turquesa del mar, de los corales y del paisaje tropical. O sea, del Caribe en estado puro. Toda la zona es un Parque Nacional Natural.

CARTAGENA DE ÍNDIAS GENERAL

Centros Comerciales

HOTELES

A. Hilton
B. Las Velas
C. Bahía
D. Cartagena Plaza
E. Barlovento
F. Charlotte
G. Decamerón
H. Caribe

RESTAURANTES

1. Club de Pesca
2. La Fragata
3. La Langosta

Av. Santander
Av. Santander
CASCO HISTORICO (San Diego)
Parque de la Marina
AL AEROPUERTO
2
3
Av. Blas de Lezo
Av. Venezuela
Av. Daniel Lemaitre
C. de la Mediana Luna
Laguna del Cabrero
Bahía de las Ánimas
Hospital Naval
C. del Arsenal
C. Larga
Playa del Pedregal
Laguna de Chambacu
Paseo Bolívar
Castillo de San Felipe
Laguna de San Lázaro
PUENTE ROMÁN
PUENTE LOS PALMOS
Colegio La Salle
Av. California
Av. Pedro de Heredia
Calle Real
Convento de la Popa
1
Caño de Bazurto
Av. J Miramar
Calle Real de Manga
Av. Jiménez
Club Náutico
Muelle Turístico
MANGA
Cuarta Avenida
Camino Arriba
Av. de la Asamblea
Av. Alfonso Araujo
PUENTE JIMÉNEZ
Av. Pedro Heredia
Mercado de Bazurto
Ciénagas de las Quintas
Puerto de Cartagena
Av. del Lago
Av. Pedro Heredia
Av. Crisanto Luque

CARIBE COLOMBIANO
MAR CARIBE
Bahía Manaure
Punta Manaure
Punta de Pájaro
Laguna Grande
Punta Canoas
El Cardón
Uribia
Pájaro
RIOHACHA
CUATRO VÍAS
AREMASAIN
MAICAO
Carraipía
Cuestecitas
Dibulla
Barbacoas
SANTA MARTA
PARQUE TAYRONA
PALOMINO
CAMPANA
San Antonio
Hato Nuevo
Barrancas
Fonseca
Distracción
LA GUAJIRA
BARRANQUILLA
PUEBLO VIEJO
CIÉNAGA
PUERTO COLOMBIA
PALERMO
La Gran Vía
Soledad
Malambo
Sabanagrande
Sitio Nuevo
BARANOA
ATLÁNTICO
SANTO TOMÁS
LOMITA ARENA
SABANALARGA
Remolino
Ponedera
LURUACO
SANTA CATALINA
Santa Rosa
Villanueva
San Estanislao
Manatí
El Retén
Aracataca
Fundación
San Sebastián de Rábago
San Juan del César
Patillal
El Molino
Villanueva
Urumita
VALLEDUPAR
La Paz
Manaure
Pivijay
Piñuela
Paraíso
CARTAGENA
Turbaco
Arjona
Mahates
Soplaviento
Cerro de San Antonio
Zapayán
Calamar
Flores de María
Monterrubio
Pueblo Bello
El Zanjol
San Diego
Media Luna
La Duda
Turbano
Gambote
San Basilio de Palenque
El Tigre
Pedraza
Berlín
Algarrobo
El Copey
Mariangol
Baru
Cruz de Viso
Carreto
La Estación
El Caracolí
Agustín Codazzi
María La Baja
Chivolo
Los Venados
San Juan Nepomuceno
Bosconia
Casacará
Retiro Nuevo
Tenerife
Apure
Nueva Granada
Pueblo Nuevo
CÉSAR
El Difícil
San Jacinto
Zambrano
Plato
Ballito
Becerril

LA VISITA

INTRAMUROS: CENTRO HISTÓRICO-CIUDAD VIEJA

TORRE DEL RELOJ: es uno de los símbolos más emblemáticos de la ciudad amurallada. Por la misma se ingresa al sector histórico de la ciudad y está levantada sobre una edificación de tipo militar, con un arco principal y dos laterales. Inicialmente el acceso a la ciudad amurallada tenía una sola entrada, ahora cuenta con tres. La torre fue construida en el siglo XVII, sus mencionados arcos laterales eran utilizados como capilla

CARTAGENA
Avenida Santander
Playa de la Artillería
C. Gastelbando
C. de la Factoría
Plaza la Merc
Avenida San
C. de los Estribos
Paseo del Triunfo
Pl. Sto. Domingo
C. Sto. Domingo
Calle de La Mantilla
C. de Don Sancho
C. del Cuartel
Calle La Estrella
C. de la Iglesia
Sto. Domingo
C. de la Inquisición
C. de los Santos de Piedra
C. del Estanco de Tabaco
C. de la Soledad
C. de las Damas
C. S. Juan de Dios
C. de la Ronda
Plaza de la Proclamación
C. del Coliseo
C. del Porvenir
Calle Vélez Danies
C. del Colegio
CENTRO SAN DIEGO
Plaza de San Pedro Claver
Plaza de la Aduana
C. de las Carreteras
Plaza de los Coches
Avenida Blas de Lezo
Muelle Turístico de La Bodeguita
Carrera 8
Paseo de los Mártires
Centro de Convenciones
Bahía de las Animas
Avenida del Mercado
PARQUE DEL CENTENARIO
Avenida del Cen
C. de la Media Luna
GETSEMANÍ
Calle del Arsenal
Calle Larga
C. de San Juan
C. del Guerrero
C. San Antonio
Plaza de la Trinidad
C. del Pozo
C. del Carretero
C. Angosto
C. de la Tusa
C. del Espíritu Sa
C. de Lomba
C. de las Palmas
Playa del
Laguna
BALUARTES
A. Santa Catalina
B. San Lucas
C. San Pedro Mártir
D. San Miguel
E. Santa Teresa
F. Santa Bárbara
G. San José
H. Del Reducto
I. Sn Juan Bautista
J. San Ignacio
K. San Francisco
L. Santiago
M. Santo Domingo
N. De la Cruz
Ñ. De la Merced
O. Santa Clara

Mar Caribe
Avenida Santander
Plaza del Tejadillo
C. del Tejadillo
C. del Sargento
C. del Curato
C. del Torno
C. de las Bóvedas
Plaza de San Diego
Plaza de las Bóvedas
C. Cochera de Hobo
C. Tumbamuerto
C. del Campo
C. del Jardín
Badillo
C. de la Tablada
C. de los Puntales
C. de los S. Infantes
C. de la Carbonera
C. de la Serrezuela
Playa de San Carlos
C. de la Moneda
C. de la Bomba
C. Quero
C. del Boquete
C. de la Cruz
Calle Portobelo
C. S. Pedro Mártir
Av. Venezuela
Laguna de Cabrero
Carrera 10
Carrera 10A
Carrera 10B
LA MATUNA
C. Tripita y Media
C. del Solar
C. de Maravillas
Avenida Luis Carlos López
C. de las Tortugas
Laguna de Chambacú
Puente Heredia
1. Iglesia de San Pedro Claver
2. Catedral-Arzobispado
3. Iglesia de Santo Domingo
4. Claustro de Santa Clara
5. Iglesia de San Agustín
6. Iglesia de La Trinidad
7. Biblioteca Bartolomé Calvo
8. Iglesia de la Tercera Orden / Convento de San Francisco
9. Claustro de Santa Teresa
10. Palacio de la Inquisición
11. Iglesia La Hermita del Cabrero
12. Torre del Reloj
13. Monumento a los Océanos
14. Monumento a los Alcatraces
15. Monumento a la Gorda de Botero
16. Monumento a los Pegasos
17. Las Bóvedas
18. Monumento a Santander
19. Teatro Heredia
20. Castillo de San Felipe de Barajas
21. Casa de Don Benito
22. Iglesia de San Roque
23. Museo de las Fortificaciones
24. Museo del Oro
25. Museo Naval
26. Museo de Arte Moderno
27. Museo de Historia
28. Portal de los Dulces
29. Casa de la Aduana
30. Casa del Premio Real
31. Parque Bolívar
32. Palacio de la Proclamación
33. Casa del Marqués de Valdehoyos
34. Casa de España Centro Cultural Español
35. Iglesia de Santo Toribio
36. Parque Fernández Madrid
37. Convento de San Diego
38. Plaza de la India-Autobuses

y cuarto de armamento. En dichos arcos suelen vender libros viejos o de ocasión, flores, plantas o piezas de barro. Si os fijáis bien, justo encima del arco se puede leer la suerte que corrieron aquellos que intentaron por primera vez librar a Cartagena del denominado "yugo español": *Caminante, después de más de cien días de riesgoso asedio puesto a la ciudad por el ejército español salieron por esta puerta, a la caída de la tarde del 5 de Diciembre de 1815 los últimos defensores de Cartagena, vencidos por el hambre y las enfermedades prefirieron desafiar los azares de la emigración antes que entregarse a merced del sitiador...*

PLAZA DE LOS COCHES: al otro lado de la torre del Reloj, nada más entrar. Antiguamente se llamaba la plaza de la Yerba y era donde se llevaba a cabo el comercio de esclavos. Espacio permanentemente aprovechado por algunos corrillos: charlan de boxeo, deambulan algunos vendedores de lotería, de camisetas, etc. Tal vez rompe un poco la armonía urbanística del lugar la estatua demasiado grande de Pedro de Heredia, fundador de Cartagena. un poco más arriba, calle Manuel Morán, está la famosa joyería Cesáreo.

PORTAL DE LOS DULCES o Pórtico de las Damas Negras. Bajo la arcada de la Plaza de los Coches. Sin duda, uno de los rincones más típicos de la ciudad. Espacio pintoresco que alberga una veintena de arcos de piedra y cal que llevan aparejados espléndidas balconadas, hijas o por lo menos parientes de los famosos bal-

cones canarios. Lo de Portal de los Dulces se debe a que han dispuesto numerosos tenderetes en los que despachan los más típicos dulces cartageneros. Fijaos en los frascos de cristal llenos de ruedas de leche, bolas de tamarindo, caballitos, alegrías, galletas de coco con maní, coco con concha, bolas de chocolate, etcétera. Bajo los soportales veréis tiendas de artesanía, bares que están a tope, como uno de los templos salseros de la ciudad (Donde Fidel), al lado hay un bar muy barato y popular famoso por sus empanadas y por el pollo rebozado que sirven (sacan una fuente y se elige la pieza que guste). Hay también puestos de periódicos, limpiabotas (lustrabotas), algún relojero y un mecánico que arregla monturas de gafas. Precisamente los zapatos se lustran mientras el cliente descansa en unos altos asientos: éstos tienen su historia pues imitan aquellos otros que se trajeron en 1911 para celebrar el primer centenario de la independencia.

PLAZA DE LA ADUANA (plaza Rafael Núñez): pegada a la plaza de los Coches por la calle de la izquierda. Es la plaza más grande de la ciudad y uno de los espacios más señoriales de Colom-

bia: la alargada **casa de la Aduana** de estilo renacentista y enfrente la **casa del Premio Real**. En la época colonial se llamaba plaza de la Comandancia de Armas, en el centro, estatua de **Cristóbal Colón**, lo cual no es muy común en el país ni en la América que descubrió o redescubrió. En esta plaza se encuentra la **Alcaldía** distrital, también la **Oficina de Turismo** y el **Hard Rock Café**.

IGLESIA Y CONVENTO DE SAN PEDRO CLAVER: en la plaza del mismo nombre, Carrera 4 núm 30-01. Rodeada por los vendedores de camisetas, collares, bolsas, tiene en uno de sus laterales un **café-restaurante con encanto** desde cuyo interior y a través de una gran cristalera se domina la plaza y sus divertidas esculturas.

Esta iglesia por su impresionante fábrica es uno de los edificios que más destacan

y más conforman la fachada histórica cartagenera. El convento, antiguamente llamado San Ignacio de Loyola, lógicamente fue fundado por jesuitas en la primera mitad del siglo XVII, posteriormente pasó a llevar el nombre de uno de los más relevantes miembros de la orden, san Pedro Claver (1580-1654) que nació en Verdú y universalmente conocido por proteger y defender a los esclavos y bautizar a más de 300.000 indígenas. Este san Pedro se encuentra enterrado bajo el altar mayor. Frente del convento se levantó un estatua de San Pedro Claver cincelada por el artista cartagenero Enrique Grau. La cúpula, que se ve desde muchos rincones de Cartagena (es uno, por decirlo de alguna forma, uno de los sky line o perfiles más emblemáticos del casco antiguo de la ciudad) no es antigua porque se se añadió al conjunto hacia 1921. Parte del

convento es un museo en donde se exhibe arte religioso y algunas piezas precolombinas. Adicionalmente, se puede visitar la celda en donde permaneció y murió san Pedro Claver (1580-1654) canonizado en 1888.

PLAZA DE BOLÍVAR: fresco y ajardinado rincón presidido, no podía ser de otra forma, por otra estatua ecuestre de Bolívar. Una escultura por cierto reluciente rodeada de bancos que invitan a hacer un alto en el camino. En la peana bolivariana se se lee el piropo que el Libertador les soltó a los cartageneros: *Si Caracas me dio la vida vosotros me distéis gloria.* El primer nombre con el que se bautizo a este lugar fue el de plaza de la Iglesia, luego se le llamo plaza Mayor y en 1610, año en el que se instaló en Cartagena de Indias el Santo Oficio, pasó a denominarse plaza de la Inquisición. Posteriomente, un 11 de Noviembre de 1896 se inauguró el parque y cuatro años se instalo la estatua de Bolívar y en su honor se rebautizó la plaza. Ya que estamos aquí es un buen momento para beberse una limonada de la que despachan los vendedores ambulantes, riquísima y fría

PALACIO DE LA INQUISICIÓN: también, como ya hemos dicho, en la plaza de Bolívar. Hace unos pocos años fue remodelado y está como nuevo. Al ser territorio hispánico, el Santo Oficio se instaló en Cartagena en el siglo XVII para controlar los brotes heréticos neogranadinos, o en otras palabras, para juzgar los delitos en contra de la fe cristiana (los cometidos por bautizados). En este particular museo se conservan piezas y objetos usados para castigar brujas y hechiceras condenadas por la Inqusición. También hay animales disecados, hierbas, recetas y pociones mágicas decomisadas a los herejes.

Aquí está la Academia de la **Historia de Cartagena** y, en la parte alta, el recientemente remodelado **Museo Histórico de Cartagena** de Indias (para verlo se paga una pequeña entrada, ☎ 664 73 81) que tiene las siguientes secciones: (1) Sala Kalamary (lo que había antes de la fundación de la ciudad), (2) Sala Cartagena de Indias (ss. XVII-XVIII), (3) Sala Ciudad Heroica, (4) Sala Corralito de Piedra (ss. XIX y XX), (5) Sala de Exposiciones Temporales-Auditorio.

Durante la visita podréis merodear, en la parte baja y con el morbo correspondiente, por los Cuarteles de la Inquisición y la Cámara de Torturas. Fijaos bien en la inscripción del muro que está a la entrada del patio, revela que aquí muy pocos cayeron realmente en manos de la inquisición, para que luego no os cuenten demasiadas historias y leyendas negras. En la calle de la Inquisición, casi frente al palacio, se encuentra una de las bibliotecas públicas más importantes de Cartagena, con una sección de libros dedicada a la historia de la ciudad y de esta parte de Colombia. Y en el palacio, la biblioteca de Cooperación Española.

CATEDRAL: la parte posterior de la misma da a la Plaza de Bolívar. Carrera 5 núm 34-55. En 1534 Cartagena es intitulada sede episcopal. A partir de entonces se intentó construir la correspondiente fábrica catedralicia. Y decimos "se intentó" porque el edificio se levantó dos veces, sobre distinto solar, y se reconstruyó nada menos

que tres. La primera en 1586 pero fue destruida parcialmente en 1612 por los cañones del pirata Drake. Nos gusta como la piedra contrasta con el cromatismo de la cúpula. Es amplia, suelo ajedrezado, púlpito de mármol de Carrara, reloj de sol en la fachada lateral; pero quizá lo más interesante es el retablo del altar mayor tallado en piedra y recubierto de oro, restaurado hace pocos años.

IGLESIA DE SANTO DOMINGO: plaza de Santo Domingo. Carrera 3 núm 5-38. Construida en 1539, lo que la convierte en el templo más antiguo de Cartagena. El altar de estilo barroco alberga un Cristo tallado en madera y llama la atención el campanario. También encuentra la imagen de la Virgen que lleva puesta una corona adornada con esmeraldas y oro. Una curiosidad, Cooperación Española ha trabajado mucho en solucionar los problemas estructurales de este templo pues al parecer por un error de cálculo la bóveda comenzó a quebrantarse. Justo delante han colocado

una **gordita de Botero**, el contraste queda muy bien. Además la plaza de Santo Domingo es una de las más apropiadas para descansar un ratito, aunque hay vendedores ambulantes a punta de pala.

Fernando Botero nació en Medellín en 1932 ¿Quién no ha oído hablar de las gordas de Botero? Pintor, dibujante y escultor colombiano, en el que la monumentalidad, la genialidad, el humor, la ironía y la ingenuidad se combinan con un admirable dominio del oficio y gran talento. Sus composiciones son en realidad una crítica de la sociedad a través del humor, véase por ejemplo su obra *Dictador tomando chocolate*. Botero maneja magistralmente la gordura como base de una cariñosa o

critica burla para recrear la historia del arte, la vida burguesa, la cultura colombiana, los personajes históricos, la violencia, etc. Entre sus cuadros seguro que habéis visto los dedicados a las corridas de toros. El tratamiento exagerado en las proporciones de la figura humana es hoy una de las características inconfundibles de su obra, que ha sufrido pocas variaciones desde sus comienzos. En Cartagena veréis que venden en muchas tiendas de recuerdos, y por la calle, imitaciones bastante *kish* de las obras de Botero.

CASA DEL MARQUÉS DE VALDEHOYOS: calle de la Factoría núm 36-57. Construcción del Siglo XVII auspiciada por el propio marqués que era un poderoso traficante de esclavos, harina y cereales. En uno de los cuartos de esta casa se alojó el omnipresente Simón Bolívar cuando se dirigía rumbo a la ciudad de Santa Marta. Hoy el edificio es la sede de la **Fototeca de Cartagena** y, desde luego, uno no de los mejores y más bonitos ejemplos de la arquitectura colonial, llaman la atención sus balconadas, ventanales de madera y decoración mozárabe.

IGLESIA DE SANTO TORIBIO DE MOGROVEJO: en la esquina entre las calles del Sargento y del Curato, cerquita del hotel Santa Clara. Construida entre 1666 y 1732, su techo está cubierto de paneles de estilo mudéjar y cuenta con un altar de estilo barroco en hoja de oro y madera. Aparte de tener mucho encanto, la iglesia es famosa por la bala de cañón que entró por uno de sus ventanales en un ataque del pirata Vernon en 1741. En una de sus alas veréis la bala en sí misma, que parece no hirió a nadie.

PARQUE FERNÁNDEZ MADRID: enfrente de Santo Toribio. Presidido por la estatua de Fernández y lo de *la patria*

agradecida. Este Fernández (1789-1830) fue un prócer de la independencia colombiana, natural de Cartagena, que no quiso ser presidente de Colombia la primera vez que se lo propusieron, pero sí aceptó la segunda...

COVENTO DE SANTA CLARA: calle del Torno, en la plaza de San Diego. Dicen que Gabriel García Márquez se inspiró en este edificio para escribir *Del amor y otros demonios.* En la actualidad este convento de las clarisas fundado en 1621 es un hotelazo impresionante, muy caro y con encanto, de la cadena Sofitel, tiene tres restaurantes de modo que conviene asomarse y un bar muy bonito en uno de los los laterales. Y si no, sentarse en una de las tres o cuatro terracitas de la Plaza que tanto de noche como de día está muy animada. Montan puestos de bisutería. Si no se anda sobrado de dinero, lo mejor es comprar una cerveza en la tienda de la plaza (la de la esquina) y tomársela sentado tranquilamente en el mismo centro de la plazuela.

LAS BÓVEDAS: desde la Plaza de San Diego, siguiendo por la Calle de las Bóvedas llegáis justo. Son 23 que se encuentran localizadas entre los fuertes Santa Clara y Santa Catalina. Son de finales del siglo XVIII, construidas en uno de los muros de la ciudad para alojar tropas y sobre todo munición y pertrechos militares. Durante la época republicana las bóvedas fueron utilizadas como cárceles (no se desaprovechaba nada). En la actualidad en cada bóveda hay un almacén de **artesanías típicas**, sitio ideal para comprar regalitos y algún recuerdo.

PLAZA DE TOROS LA SERREZUELA: en la calle del mismo nombre. Si seguís desde las Bóvedas pegados a la muralla, la veréis a unos metros (se ve desde fuera). Construida en madera y del siglo XIX en otra de las joyas que esconde Cartagena.

MÁS COSAS QUE VER EN EL RECINTO AMURALLADO

CATEDRAL DE SANTA CATALINA DE ALEJANDRÍA: construcción de estilo neoclásico del siglo XVII, situada a un costado de la plaza de la Proclamación, conserva un altar mayor de madera y también su suelo ajedrezado; o sea, el original. Luce lámparas de estilo clásico, tallas de mármol con imágenes del viacrucis y depurados adornos ejecutados con laminillas de oro. Su construcción se inició en 1575, razón por la cual es considerada un de las catedrales más antiguas de América, ha sido restaurada en diferentes ocasiones.

En la misma plaza se encuentran las blancas arcadas del **palacio de la Proclamación**, donde

estuvo el Cabildo, lo de la proclamación viene por el día 11 noviembre de 1811 cuando se proclamó la independencia...

CONVENTO DE SAN FRANCISCO: fundado en 1555 por Fray Pedro de la Iglesia. Sus instalaciones se han aprovechado para montar tiendas de artesanía, de antigüedades y también una Universidad.

CONVENTO DE SAN AGUSTÍN: en el mismo pasaban la vida los padres Agustinos Descalzos. En la actualidad es la sede principal de la Universidad de Cartagena. Cuenta con un bonito patio interior con jardín y resalta su cúpula de estilo que podríamos denominar florentino.

PALACIO DE GOBIERNO: hacia 1767 comenzó a funcionar el concejo de la ciudad de la ciudad. Hoy es sede de la Gobernación.

PALACIO DE JUSTICIA: que ocupa lo que fue el convento de la Merced en cuya iglesia se encuentra el Teatro Heredia. Pasa con este monumento como en el Palacio de Telecomunicaciones de Madrid, se hizo con una intención, la de ser Correos, y se deshizo con otra, la de ser Alcaldía. Desde luego, la función no se ajusta a la forma.

JUNTO AL CENTRO HISTÓRICO

En la isleta donde está el centro histórico hay otros dos barrios: La Matuna y Getsemaní, en dichas zonas vivían los llamados extranjeros que normalmente eran negreros, gente de mar y artesanos; antiguamente la muralla lo rodeaba todo, pero como podréis comprobar se demolieron algunos tramos por aquello del desarrollo urbano.

MUELLE DE LOS PEGASOS: así llamado por los dos pegasos que se aprecian al borde del paseo, junto a la carretera. En él están anclados los barcos de recreo que os

llevarán de excursión a las islas del Rosario o a las playas de Barú. Al pasar por este muelle se os pegarán como lapas los vendedores de *tours*. Panorámica de la **bahía de las Ánimas**.

PARQUE DEL CENTENARIO: justo enfrente de la Puerta del Reloj entre La Matuna y Getsemaní. Pista de

LOS PEGASOS

patines, perezosos por los árboles, vendedores ambulantes de cafelitos, etc. De noche lo cierran.

CENTRO DE CONVENCIONES: Getsemaní, Carrera 8. ☎ 664 35 80. Moderno edificio, de líneas geométricas. Aquí se han celebrado grandes eventos: desde el XI Congreso Latinoamericano de Zoología hasta la XI Cumbre de los Países No Alineados o, anualmente, la Elección y Coronación Señorita Colombia.

CLAUSTRO DE SAN FRANCISCO: a unos metros del parque, en Getsemaní. Es la más importante obra levantada extramuros. Se construyó en 1555 y es una típica edificación de arquitectura religiosa, colonial, de planta cuadrada con dos niveles, conformada por arcos de medio punto. Para su edificación se escogieron materiales nobles como maderas finas, también se utilizó calicanto. Fue modificado a principios del siglo XX, entonces ya era del Estado. En la esquina contigua, la **Iglesia de la Tercera Orden**. Al lado, el **Teatro Cartagena**.

Ya que estáis por aquí, adentraros en Getsemaní, donde encontraréis el verdadero saborcillo de los cartageneros. No tiene la grandiosidad de la Ciudad Antigua, pero tiene otros encantos, y si queréis ver más templos aquí está la Iglesia de la Trinidad, en la plaza del mismo nombre y la de **San Roque**, en la **Calle de la Media Luna**.

CASTILLO DE SAN FELIPE Y ALREDEDORES

Tres puentes comunican la Cartagena entremuros con el área del castillo de San Felipe. El último sale a la altura de la calle del Arsenal, dicha rúa, con muchas fachadas restauradas, comienza tras el Centro de Convenciones. El puente intermedio enlaza las murallas con la Calle 30 y con San Felipe. El puente más alejado de la bahía es el que está junto al monumento a la india Catalina.

ESTATUA DE LA INDIA CATALINA: centro de la Avenida Venezuela. Espigada y centrando la rotonda. Simboliza a la mujer aborigen del continente y fue esculpida por el español Eladio Gil Zambrano, (1974). Cuenta la historia que el fundador de Cartagena, Pedro de Heredia, vino con una indígena llamada Catalina, quien era oriunda de aquí, pero fue a parar a Santo Domingo donde la vendieron como esclava, cuando regresó hizo para él las labores de intérprete, luego fue liberada por Heredia. Al lado de la india, autobuses para ir a los alrededores y parada de taxis.

CASA DE RAFAEL NÚÑEZ: Carrera 2 núm 41-89. Una de las grandes figuras del siglo XIX, poeta y cuatro veces presidente de la República. Se alojó en ésta casa que ahora es un museo dedicado a su memoria, donde están exhibidos objetos personales y algunas obras de su autoría. Al frente de la casa se encuentra La **Ermita del Cabrero,** donde precisamente están enterrados los restos del ex presidente y su esposa. Núñez, murió en 1872.

CASTILLO O FUERTE DE SAN FELIPE DE BARAJAS: en el Pie del Cerro; Calle 30. Es la edificación militar más grande construida por los españoles en sus colonias. Está ubicado en el Cerro de San Lázaro y fue construida entre 1639 y 1657. En 1762 se realizo una importante ampliación del castillo. Está repleto de garitas y la-

berínticas vías subterráneas, que se recomienda sean recorridas con guía. Y una cosa más: el fuerte no está rodeado de tierra porque se ganara al mar, sino porque su función, precisamente, era la de repeler los ataques terrestres. A la entrada una estatua de Blas de Lezo: según cuenta la historia, este aguerrido héroe español re-

sistió sin un ojo, un brazo y una pierna, durante dos meses uno de los más feroces ataques del pirata Vernon.

El fuerte es una impresionante construcción militar llena de pasadizos, túneles y galerías subterráneas pensadas para resistir los ataques de piratas y corsarios. Para hacer el recorrido completo se tarda la friolera de unas dos horas y es recomendable hacerlo temprano o después de las dos de la tarde para poder

tener el servicios de guías. No olvides llevar gorra, protector solar y una bebida (fuera siempre hay alguno que vende agua). La entrada no es de las baratas, pero claro una cosa así no se ve cada día.

PIE DE LA POPA

CERRO DE LA POPA / CONVENTO DE NUESTRA SEÑORA DE LA CANDELARIA: en el cerro del mismo nombre. Domina la bahía; de hecho se asienta a 150 m de altura. Bella arquitectura colonial del S XVII construida por los padres Agustinos Recoletos. Luego de la independencia fue utilizado como base militar, mas tarde fue abandonado y finalmente recuperado por los monjes en 1964. Desde el cerro se puede divisar toda la ciudad. En el altar mayor, Nuestra Señora de la Candelaria, se celebran novenas en su honor.

MANGA

Barrio construido en una isla a la que se llega desde Getsemaní por el Puente Román, en el que se aprecian algunas fachadas donde pervive el llamado estilo morisco. Es una zona residencial con buenas casas. Aquí está el **Club de Pesca**, el **Muelle Turístico** y más arriba el **Terminal Marítimo**, donde amarran los cruceros. El citado Club de Pesca es uno de los mejores restaurantes de Cartagena, aprovecha el **Fuerte de San Sebastián del Pastelillo,** del siglo XVI, desde aquí la panorámica de la bahía y de la ciudad es impresionante y los precios también.

BOCACHICA

FUERTE DE SAN FERNANDO: situado en Tierrabomba frente a la bahía. Hay que tomar uno de los barcos anclados en el muelle de los Pegasos. Construida a mediados del siglo XVIII para defender la entrada de Bocachica. Es considerado una obra maestra de la ingeniería militar. En el llamado Foso de los Tiburones eran ejecutados los reos. A su lado, bonito desembarcadero, playas con chozas y palmeras. Se paga una pequeña entrada.

FUERTE DE SAN JOSÉ DE BOCACHICA: enfrente del anterior, se construyó precisamente para ahuyentar a los piratas mediante la técnica del fuego cruzado; o sea cañonazos desde varios fuertes y también desde el mar. www.fortificacionesdecartagena.com

MÁS COSAS

MONUMENTO A LOS ZAPATOS VIEJOS: en la Avenida Pedro Heredia, al pie del cerro, en la parte de atrás del Castillo de San Felipe de Barajas. Se constituyó como un homenaje a Luis Carlos López, uno de los poetas más reconocidos de la ciudad, quien escribió una obra titulada *A mi ciudad nativa*, en donde hace alusión a los zapatos viejos, dijo querer a esta ciudad *como uno quiere a sus zapatos viejos.*

JARDÍN BOTÁNICO GUILLERMO PIÑERES: en Turbaco, en los predios de una antigua plantación de algodón, a 30 minutos al sur de Cartagena por la carretera de Sincelejo. Considerado el mejor del sur caribeño por sus manantiales, inmensos árboles centenarios, numerosas especias de flores y frutas tropicales y gran variedad de aves exóticas. Y ya que está en Turbaco disfrute de otro atractivo turístico del municipio, las delicias costeñas como la arepa de huevo, carimañolas y butifarras.

MUSEOS

DE ARTE MODERNO. En el palacio Municipal, Plaza de la Aduana en la esquina con la siguiente plaza, la de San Pedro Claver. Fachada de piedras desgastadas y tramos de yeso, que corresponden a dos edificios: el primero de ellos construido por la Corona española en la segunda mitad del siglo XVII y el segundo fue construido a finales del siglo XIX. Exposición de bronces y pinturas de Enrique Grau, este artista colombiano recuerda un poquito a Romero de Torres, y muestras esporádicas de numerosos artistas colombianos. También se puede apreciar una colección de arte que se inició mediante una donación de pintura latinoamericana realizada por la OEA. El museo cuenta con una librería. Pegaditas, están La Tienda del Museo, y Artesanías Modernas, muy elaboradas, y caritas, pero también muy curiosas. Para llagar al museo hay que atravesar un callejón donde han puesto unas simpáticas esculturas en acero del artista Edgardo Carmona, que representan personajes cotidianos, históricos o literarios.

MUSEO DEL ORO Y ARQUEOLOGÍA: en la Plaza de Bolívar. Fue inaugurado por el Banco de la República en 1982 como uno de los seis museos que el Banco tiene en Colombia. Cuenta con una colección de piezas de oro y cerámica de las principales culturas precolombinas y principalmente la cultura Zenú; cultura indígena de los departamentos de Bolívar, Sucre, Norte de Antioquia y Córdoba, que dominó el Caribe en tiempos precolombinos.

MUSEO NAVAL DEL CARIBE. A unos metros de San Pedro, siguiendo por la calle de San Juan de Dios en la Plaza de Santa Teresa. Dos cañones en la puerta. En el interior se repasa la intensa historia marítima cartagenera, piratas inclusive. Fue fundado en 1992 para celebrar los 500 años del descubrimiento, el edificio tiene dos alas: una colonial que data del Siglo XVII y pertenecía a los jesuitas y otra republicana construida en el Siglo XX.

TEATRO HEREDIA: carrera 4 núm 38-10, plaza de la Merced. Construido en forma de herradura con palco, balcones. Las escaleras y esculturas son de mármol italiano y el techo bellamente creado por el artista cartagenero Enrique Grau.

ALREDEDORES

ISLAS DEL ROSARIO

Situadas a 35 kilómetros al sur oeste de Cartagena, este magnifico archipiélago consta de 27 islas, algunas tan pequeñas que sólo tienen una casa. Estas islas coralinas, fueron declaradas parque nacional y es uno de los mejores lugares del Caribe Colombiano.

Desde el muelle de Los Pegasos en Cartagena, gran variedad de opciones están disponibles para la visita de las Islas, desde tours de ida y regreso en un solo día, hasta estancias en varios de los hoteles que allí se encuentran.

Snorkeling, buceo, relax, comer deliciosos mariscos, son algunas de las cosas que podrás disfrutar en estas maravillosas Islas. Un lugar interesante para visitar es el **Acuario** (Oceanario) que está emplazado en una de las islas principales, la mayoría los tours incluyen traslado hasta esta isla.

En definitiva, un paraíso para bucear: hay 50 especies de corales, 45 de esponjas, 197 de moluscos, 170 de crustáceos, y un largo etc. Pero también es un paraíso para no bucear: playas blancas de arena fina, mar limpio de miles de azules y hotelitos con encanto. Algunas de las islas son tan pequeñas que sólo cabe una casa, éstas son privadas claro, pertenecientes a los más hacendados del país. Además de disfrutar del paisaje, las palmeras, la exuberante vegetación, las chozas, las cristalinas playas... podéis visitar

ALREDEDORES DE
CARTAGENA DE ÍNDIAS
Cielomar
Marbella
San Diego
Pie Del
Cerro
Centro
histórico
Ciénaga de
La Virgen
Getsemaní
Manga
Bocagrande
CARTAGENA
El Laguito
Isla
Manzanillo
El Socorr
Playa De
Punta Arena
Albornoz
Isla Tierra
Bomba
Puerto
Cospique
Casablanca
Bocachica
Polonia
Buenos
Aires
Bahaire
Pasacaballos
Porto
Não
Ararca
Bolivar
Pendales
Canal del Dique
Santa Ana
Poza
Verde
Paricuica
Fuenteviva
ISLAS DEL
ROSARIO
Piedrecitas
Monsú
Hatillo
BARÚ
Parque
Nacional del
Rosario
El Cobado
Los Santaneros
Toturnito
Pueblo
Nuevo
Las Flor

el **acuario** que han montado en la isla de San Martín de Pajarales: veréis el habitual espectáculo que ofrecen los delfines, muchos peces tropicales y tiburones. Es una buena excursión. La zona forma parte del Parque Nacional Corales del Rosario y San Bernardo.

TRANSPORTES

Para ir a las islas podéis elegir la excursión de un día, que suele salir a las 8:30 o 9:00 a.m. y volver entre las 4:00 y las 5:00 p.m. dependiendo del tipo de embarcación en la que viajéis. Hay que volver a esta hora o antes porque después el mar se pica. Lo mejor es ir al **Muelle de La Bodeguita**, donde están los organizadores autorizados que ofrecen

ISLAS DEL ROSARIO
MAR CARIBE
ISLA TESORO
MAJAGUA
ISLA PIRATA
ISLA CAGUAMO
ISLA NAVAL
ISLA NOTEVENDO
OCEANARIO SAN MARTÍN
ISLA GRANDE
EL PALMAR
ISLA MACABÍ
ISLA INDIA
ISLA ROSARIO
ISLA ARENA

distintas opciones para todos los gustos y precios. Todas las excursiones incluyen el almuerzo que suele ser a base de pescado o marisco, acompañado de arroz con coco y arepas ó el bufé del hotel al que vayáis. Si la excursión es a una playa pública, como Barú o Playa Blanca os saldrá por unos 28 euros, si vais a las playas de la mayoría de los hoteles en las islas saldrá por unos 30 euros y si vais a un hotel más exclusivo como el de la Isla del Sol la cosa se pone en 40-55 euros.

Si decidís quedaros unos días, tened en cuenta que vais a un sitio paradisíaco donde no hay nada más que vosotros y las cabañas del hotel y anochece a las 7.00 h. Ninguna de las Islas es muy grande, y no suele haber masificaciones turísticas, una maravilla. Para esta opción, una vez más, es mejor organizarlo antes, hay varios hoteles de distintos precios que podéis reservar en cualquier agencia de viajes en Cartagena o el resto del país.

ALOJAMIENTOS

EN ISLA GRANDE: Hotel Isla Liza Mar y Hotel Media Naranja: Cabañas con todas las comodidades, TV, baño, luz eléctrica, etc.

ISLA DEL SOL: www.ecohotelisladelsol.com ☎ 632 79 53. Cabañas con todas las comodidades, son de dos pisos con una habitación en cada piso. Tienen una terracita con hamaca. Hay un chiringuito en la playa y una pequeña piscina.

ISLA PIRATA: ☎ 665 29 52. Conjunto de cabañas perfectamente acondicionadas al lado de la playa y del mar azul turquesa, para comer preparan un bufé.

HOTEL KOKOMO: www.hotelkokomo.com Cabañas con baño y ventilador en un ambiente natural, playa, area social con bar, restaurante con una variedad de frutos del mar y comida internacional. Rodeado de aguas cristalinas y de colores tropicales. Plan alojamiento Incluye: desayuno americano opcional, platos tipicos a la carta, bebidas y licores, transporte desde Cartagena, cóctel de bienvenida, etc.

SAN PEDRO DE MAJAGUA: ☎ 650 44 60 ó 664 60 70. www.hotelmajagua.com Trece cabañas con todas las comodidades, playas limpísimas y restaurante típico. Es uno de los mejores hoteles y más lujosos (eco-luxury) de las Islas donde no llegan las excursiones de un día.

ISLA BARÚ

En realidad es una península que se convirtió en isla cuando hicieron el Canal del Dique. Playas cristalinas donde podéis comer ostras y langostas que pescan ahí mismo. Además hay una zona, ciénaga de Mohán, repleta de manglares, contratar una barquita para que os dé un paseo, merece la pena. Un buen sitio para dormir es el *Sport Barú,* ☎ 660 82 29.

COMER EN BARÚ E ISLAS DEL ROSARIO

El Parque Nacional Natural que comprende Barú y el Rosario no ofrece servicios de alimentación; sin embargo, en los restaurantes de los hoteles en Isla Grande e Isla Pirata, en Punta Barú, en Isla Múcura y Tintipán se puede disfrutar de la comida de mar. Igualmente, es posible conseguir comida típica preparada por los lugareños en restaurantes rústicos de Isla Grande (Archipiélago del Rosario), Playa Blanca, Poblado de Barú y Ensenada de Cholón (Isla Barú), Islote y Múcura (Archipiélago de San Bernardo).

OTRAS EXCUSIONES

CANAL DEL DIQUE: gran obra de hidráulica construido en 1652 tiene 114 km de largo. Conecta el río Magdalena con la bahía cartagenera.

LA BOQUILLA: a 7 km. Pueblo de pescadores, que casi es un barrio de las afueras de Cartagena, donde la gente va a bañarse y comer pescado en los chiringuitos algo cutres.

CIÉNAGA DE LA VIRGEN: Se realiza un recorrido en canoa a través de manglares tan tupidos que conforman verdaderos túneles.

VOLCÁN DEL TOTUMO: a unos 40 km de Cartagena por la carretera a Barranquilla. Volcán apagado cuyo cráter está lleno de un barro que dicen que es medicinal y trae buena suerte, así que todo el mundo va para darse un bañito. Os llenan de barro y luego unas chicas os lo limpian (este spa natural no es nada caro). Se trata de una excursión divertida y además es posible conseguir un tour de cerca de 30 euros por persona incluye (transporte, almuerzo y guía). Si queréis hacer la excursión con alguna agencia, *Isla del Encanto, Los Pinos* y *Ecotravel* son las que se encargan de ello.

SAN BASILIO DE PALENQUE: a unos 50 km por la carretera a Sincelejo. Es el primer palenque de Latinoamérica. Aldea que llama la atención por su colorido y por su población conocida como "los negros cimarrones". Sus gentes han conservado su propia lengua ancestral, el himno cuenta la historia de independencia de este pueblo, de líderes como Benkos Biojó y el coro es un grito cimarrón "África". En Palenque se conserva mucha de la esencia africana, es un pedacito del corazón de África en Colombia. Puede ver a las mujeres lavando en el río, mientras niños y adultos se bañan en la otra orilla. También son reconocidos a nivel nacional e internacional como "Territorio de Paz". Unesco lo declaró el 25 de noviembre del 2005 como Obra Maestra del Patrimonio Oral e Inmaterial de la Humanidad.

SAN JACINTO: a 100 km por la carretera de Sincelejo. Famoso centro artesanal para comprar materias textiles y tallas. Son muy reconocidas a nivel nacional e internacional las hamacas, son de lo mejor. También son conocidos "los Gaiteros de San Jacinto", que interpretan la música de las sabanas bolivarienses. Podéis comprar gaitas macho y hembra, para quienes gustan de la música, puede ser un original obsequio...

SANTUARIO DE LOS COLORADOS: en la Serranía de San Jacinto. A 90 km al sur de Cartagena, en San Juan de Nepomuceno por la carretera de Sincelejo. Mil hectáreas de bosque natural, el único en 100 km a la redonda, por eso de él sale el agua que provee a los municipios vecinos. Su nombre se debe a que allí tienen su habita los monos colorados, pero también alberga otros tipos de monos: cariblancos, titís y prietos. En el parque no hay alojamiento ni se puede acampar, hay que dormir en los pueblitos cercanos, de todas maneras, antes de ir, informaos cómo está la seguridad.

EL CARMEN DE BOLIVAR: está ubicado a 15 minutos de San Jacinto. Las fiestas patronales las celebran el 16 de julio. La iglesia de **Nuestra Señora del Carmen** fue declarada patrimonio histórico, arquitectónico y cultural en 1997. Justo frente a esta iglesia usted encontrará el Colectivo de Comunicaciones de los Montes de María, un grupo de jóvenes y niños, que han sido reconocidos por varios premios como el Premio Nacional de Paz. Es muy interesante conocer su experiencia, como una voz de esperanza, en medio de la difícil situación en la que viven. No deje de probar los postres del municipio como la galleta Chepa Corina y la Panocha. Como en el caso de San Jacinto, antes de ir, informaos sobre la seguridad.

MOMPOX

Cerca de Cartagena de Indias, en el departamento de Bolívar, está Santa Cruz de Mompox, un pueblo mágico, una isla en medio del río Magdalena que expulsa historias, romanticismo y nostalgias por todos sus rincones, sobre todo a lo largo de la calle Real del Medio, la más importante de todas sus callecitas y en la que se concentran muchos de los sitios arquitectónicos que más llaman la atención.

En tiempos de la Colonia la población fue un importante centro comercial gracias a la navegabilidad del río Magdalena y su condición de estar alejada del mar Caribe y mantenerse a salvo de los ataques de piratas y corsarios. Así, mientras en Cartagena crecían las construcciones militares reflejadas en los baluartes y murallas, en Mompox florecía una arquitectura clásica y religiosa de estilo sevillano que hoy permanece como evidencia de los buenos tiempos.

En Mompox muchos poderosos resguardaron sus capitales e hicieron importantes inversiones, y por esos mismos vientos de progreso se dio el transporte del oro a través del Magdalena y su desembarco en manos de los artífices momposinos. De esta manera inició el prestigio del arte de la orfebrería.

Durante una larga época Mompox fue un lugar estratégico, en medio de los poderes de Santa Fe de Bogotá en el centro del país y Cartagena de Indias a orillas del océano. En las postrimerías del siglo XVIII Mompox era una de las poblaciones más importantes del Nuevo Reino de Granada, y su auge continuó hasta el siglo XIX cuando en 1810 declaró su independencia absoluta de España, hecho que le valió el título de la valerosa.

La vida momposina de aquellos tiempos era de pujanza y progreso, pero en el cenit de la bonanza todo empezó a cambiar por culpa de la naturaleza, y la erosión y sedimentación que afectó el cauce del río Magdalena, fenómeno que incrementó el caudal del brazo de Loba y disminuyó el del brazo de Mompox. Se mermó entonces la actividad comercial y social del pueblo, dándose como posterior consecuencia el éxodo de sus habitantes hacia otras regiones.

Quedó la población como una isla encerrada por los brazos de Loba y Mompox, apartada e incomunicada, de difícil acceso. De pronto allí reside una de las razones para que de Mompox se diga que es un lugar donde el tiempo se ha detenido. Pero es también a partir de esa circunstancia de aislamiento que fluyen los atractivos y la curiosidad para conocer la isla y rendirse a sus lugares.

De la arquitectura religiosa sobresalen las iglesias de Santo Domingo, San Juan de Dios, San Agustín y Santa Bárbara, este, el recinto por cuya historia y estructura profesan especial veneración los momposinos. El templo está ubicado so-

bre la calle La Albarrada, paralela al río y sobre la que también se ubican la Casa 1734 y los Portales de la Marquesa.

En la Calle Real del Medio se advierten la Casa de la Cultura, los parques Bolívar y Santander, la Casa del Te

Deum, el Palacio de Justicia y el Museo de Arte Religioso, entre otros recintos, construidos en tapia, tejas de barro cocido y ventanales de hierro con sus protuberancias de repisas, rejas y sobradillos.

Por otras calles como la de Atrás se llega a la iglesia de Santo Domingo y al cementerio de la población, un lugar muy bien conservado donde se rinde culto a la memoria del general Hermógenes Maza y de Candelario Obeso, el conocido poeta negro e inmortal por Cantos populares de mi tierra y Canción der bogá ausente.

Un recorrido por Mompox es también un repaso a la historia y a las fervientes celebraciones de Semana Santa que aún se mantienen y empiezan con las procesiones de la semana siguiente al miércoles de Ceniza. Los momposinos son amables y alegres, pero conservan su carácter ascético en torno a las celebraciones de la Semana Mayor, cuando más se ven turistas en la isla.

Mompox o Mompós es un rosario de casas blancas de nobles facturas, ventanas enrejadas, viejos portales como La Concepción, La Marquesa, La Bodega, Santa Bárbara. Callejas de lo más pintorescas: rúa de La Sierpe, Real del Medio; callejones de San Agustín, Tres Cruces, San Miguel o de San José o de Santa Bárbara..., todo rodeado de frondosa vegetación tropical y a la vera del río Magdalena, de una importante cuenca fluvial que recoge también aguas del Cauca y del San Jorge. La temperatura media es de unos 28°C.

Y una cosa más, Mompox cuenta con suficiente infraestructura turística (hoteles, restaurantes, etc).

TRANSPORTES

A pesar de que ya está en funcionamiento el puente Botón de Leyva que une a Mompox con el municipio de El Banco (Magdalena), siendo la única vía de acceso terrestre a la isla, es más común la llegada desde Cartagena. La ruta sale desde esta capital, pasa por Magangué y Yatí (Bolívar) donde se toma el ferry que transporta por el río Magdalena has-

ta el sitio conocido como La Bodega, aquí está la carretera hasta Mompox que se filtra entre diferentes cultivos y haciendas ganaderas.

El bus desde Cartagena (el horario que os ponemos es orientativo), sale como a las 7:30 y llega a eso de las 14.00 h (es muy difícil ir y volver en el día desde Cartagena). Otra opción es bajarse del bus en Manague y tomar desde aquí una chalupa hasta Mompox para ir por el río, pero antes de aventuraros, preguntad si se puede, pues en este país, estas cosas dependen de muchos factores: la disponibilidad de las chalupas, los precios, el nivel de las aguas de río, etc.

LA VISITA

En el interior de los templos fijaos especialmente en el uso de la madera: es, sin duda, una de las peculiaridades de la arquitectura momposina.

LA CASA 1734: esta casa sirvió como escenario para la filmación de la película "Crónicas de una Muerte Anunciada", basada en la obra del premio nobel colombiano Gabriel García Márquez.

EL "FUERTE" DE SAN ANSELMO: en realidad no es un fuerte sino unas bodegas. Las rejas de las ventanas son de bonita línea.

IGLESIA DE SANTA BÁRBARA: en la plazuela del mismo nombre. Exterior muy mono: el campanario de finales del siglo XVIII centrado por un balcón de madera, caso raro, y a cada lado dos estructuras triangulares. Tiene tres naves y asombra sobre todo su amplitud espacial; luce un impresionante artesonado.

COLEGIO PINILLOS: blanco, con arcadas y largos corredores.

PORTALES DE LA MARQUESA: alargada construcción que data de 1700. Soportales y ventanas enrejadas.

IGLESIA DE LA CONCEPCIÓN: en la que se lee lo de A María Inmaculada. No es muy antigua pues se levantó en la primera mitad del siglo XIX. Tiene dos torres.

PORTALES DE LA CONCEPCIÓN: blancas arcadas sobre las que descansan las galerías. En la plaza está también el **mercado,** muy bonito.

SAN FRANCISCO: triangular fachada blanca más torre. Es de los siglos XVII y XVIII.

SAN JUAN DE DIOS: fijaos en el campanario con sus tres huecos. Poco se sabe de su historia.

COLEGIO Y PLAZA DE SAN CARLOS: fue colegio de los jesuitas y actualmente sede del Ayuntamiento. Es de mediados del XVII.

CASA TE DEUM: lo de Te Deum se lee bien claro en su magnífica puerta labrada. Es construcción dieciochesca.

MUSEO DE ARTE RELIGIOSO: Otra alargada edificación del XVIII. Colección de objetos e imaginería. Aquí también se alojaba Bolívar cuando pasaba por Mompox.

CASA DE CULTURA: el patio es una maravilla, sus cubiertas de madera, todo. Aquí está la biblioteca y la Academia de Historia de Mompox. Un museo recoge la historia de la villa. Abierto de lunes a viernes de 8.00 a 14.00 h. Sábados y domingos abren a las 9.00 h.

SAN AGUSTÍN: los agustinos se instalaron en la villa en el siglo XVII. La iglesia es alargada con tejado a dos aguas y torre aneja.

COLEGIO PINILLOS: destaca su claustro con palmeras; es de finales del XIX.

SANTO DOMINGO: le antecedió otro templo que se derrumbó. El actual Santo Domingo es de mediados del XIX.

EL CEMENTERIO: es uno de los atractivos turísticos por excelencia, está muy bien conservado. En la capilla del cementerio aprecie las tumbas del general Maza y del Poeta Calendario Obeso.

RECORRIDO EN CANOA POR EL MAGDALENA: navegue por el brazo del río Magdalena. Antes de embarcar identifique los árboles en donde están los monos cotudos o aulladores y si quiere verlos de cerca aliméntelos con banano.

TRANSPORTES

DE CARTAGENA A:
Barranquilla = 100.38 km
Bogotá = 1060 km
Bucaramanga = 635 km
Buenaventura = 1130 km
Cúcuta = 887 km
Cali = 1077 km
Manizales = 819 km
Medellín = 632 km
Pereira = 864 km
Santa Marta = 208 km
Sincelejo = 124.63 km
Valledupar = 209.81 km

DEL AEROPUERTO A LA CIUDAD: tres opciones. Un taxi, que puede costar unos 7 USD, coger el taxi fuera de la terminal (a una cuadra o manzana) que sale aún más barato o, por último, subirse a un autobús o a un taxi colectivo, entonces os cobrarán en torno a un dólar.

Desde el aeropuerto salen autobuses a la ciudad constantemente, también hay taxis claro, una carrera a Bocagrande sale por unos 5 euros.

TERMINAL DE AUTOBUSES: http://www.terminaldecartagena.com/ en el sector Doña Manuela, Carretera de la Cordialidad núm 54-72. Pero todo el mundo lo llama “La Bomba del Gallo”. Bomba es gasolinera, y el Gallo, un sector de la ciudad.

☎ 663 03 17, 663 02 89, 663 04 54. Salen varios autobuses diarios a Barranquilla y Santa Marta. Hay frecuentes servicios a los pueblos pesqueros y playas de los alrededores como Tolú y Coveñas. También van a Medellín y Bogotá, pero por lo largo del viaje y motivos de seguridad no es muy recomendable Fuera de la estación hay servicio piratas más baratos. Desde Cartagena, una o dos salidas diarias hacia Mompox, si parte a las 7.30 de la mañana llega a las 14.00 h, antes de

ir conviene que preguntéis cómo está la situación en la zona (es complicado ir y volver en el día, en Mompox hay varios hotelitos coloniales con encanto). Un autobús de color verde comunica la Terminal con el centro de Cartagena: os deja o en Bocagrande o a la vera de la esbelta india Catalina, no es caro, es cómodo y tiene aire acondicionado, su trayecto es circular. Constantemente salen autobuses y taxis colectivos entre el centro histórico (extramuros, lógicamente) el aeropuerto y

Bocanegra (el precio del pasaje ronda un dólar y algo).

ALQUILER DE COCHE: todas las grandes compañías tienen presencia en Cartagena (Hertz, Dollar, National, etc), tienen oficinas en el aeropuerto y en Bocagrande.

¿CÓMO MOVERSE? Bueno, las distancias no son grandes. El centro histórico se puede recorrer a pie. Para ir a Bocagrande se tarda entre quince minutos y media hora andando, pero frente a los chiringuitos del muelle de los Pegasos salen continuamente busetas o chivas que voltean lo más turístico de Bocagrande, dejando al turista por unos pocos pesos en la puerta o a poco de la puerta de su hotel o choza o playa. Los buses para ir a Basurto, al aeropuerto y al resto de la ciudad, salvo Bocagrande, salen junto a las murallas, un poco más abajo de la estatua de la India Catalina. El valor del pasaje en buses y busetas es, repetimos, de casi un dólar. También esta el sistema de transporte masivo Transcaribe que cruza toda la ciudad: http://transcaribe.gov.co Se paga con tarjeta. Las dos rutas más importantes son: la Troncal avenida Pedro de Heredia que se une con la Avenida la Cordialidad en donde se encuentra la estación de transferencia Madre Bernarda y el Patio-Portal del Gallo. Troncal avenida Venezuela: cuenta con dos estaciones de articulados llamadas "Centro" y "La Bodeguita". El tramo termina en la entrada de la zona turística de Bocagrande, donde los buses hacen el retorno.

TAXI: Los taxis tienen unas tarifas establecidas y

son bastante baratos. Además en la puerta de todos los hoteles hay siempre alguno esperando. *Radiotaxi Telecomsa:* ☎ 660 00 06. *La Matuna:* ☎ 660 00 00. *Autotaxi:* ☎ 656 58 55. *Radiotaxi:* ☎ 653 22 22. *Teletaxi:* ☎ 660 00 00.

TARIFAS DE TRANSPORTE TAXI: *del Centro a Cabrero,* Bocagrande, Castillogrande, Manga, Crespo 12.000 pesos. ***Aeropuerto a Centro*** histórico hoteles 10.500 pesos. *Aeropuerto Bocagrande,* Castillogrande, Laguito 14.000 pesos. *Terminal de transporte-centro histórico* y a Manga 18.500 pesos. *Terminal de transporte-Bocagrande Cabrero,* Bocagrande, Castillogrande, Manga, Crespo 20.000 pesos.

VISA

COMPRAS

En la ciudad vieja, calles Santo Domingo y Santa Teresa, divisaréis algunas tiendas en las que despachan antigüedades y todo tipo de suvenires: trabajos de cuero, esmeraldas, cerámicas, etc. La zona está a rebosar de boutiques. De comprar esmeraldas no lo hagáis de cualquier manera por mucha rebaja que os hagan, dirigíos a una joyería de calidad. Las ventas ambulantes forman parte del ambiente cartagenero: los vendedores de camisetas, uno os las pondrán a diez mil pesos y tres calles más abajo la misma camiseta se compra por tres o cuatro mil pesos..., otros van cargados de acuarelas en las que aparecen los lugares pintorescos de la ciudad, algunas no están mal; otros venden bolsas, o cestos o collares o lo que se tercie.

Infinidad de tiendas de artesanía en el centro histórico, puestos al lado de las paredes, etc. En Bocagrande tenéis muchas tiendas de artesanía y de souvenirs a lo largo de la avenida de San Martín y varios **centros comerciales,** entre los más modernos, el centro comercial *La Misión* o el *Pierino Gallo* (en El Laguito, Calle 1, quizá el centro comercial más exclusivo: dos pisos modernos llenos de locales y una plaza; venden de todo).

Por último, en la zona de Bocagrande hay muchas boutiques en las que venden ropa de las marcas más conocidas y también centros comerciales, como *La Riviera*. En los próximos años, en torno al nuevo hotel Intercontinental se construirá un impresionante centro comercial y de ocio.

ARTESANÍAS

En casi todas las tiendas de souvenirs venden los famosos **sombreros** colombianos y las **chivas** o autobuses colombianos, grandes o pequeños, con más o menos carga frutera. De Cartagena es típica la **mola** hecha con tela que muestra dibujos y paisajes de estilo naif, y sirven para camisas, vestidos, faldas, bolsas etc.

Hay un centro de artesanía con tiendas muy bien surtida y no caras en el **Claustro de San Francisco**.

AMITABHA: callejón de los Estribos. Es una tienda de artesanía y de bisutería de calidad bastante original.

ARTESANÍAS Y ARTE: Calle San Juan de Dios núm 3-99. Un poquito de todo.

LAS BÓVEDAS: en el Centro Histórico. Es el mejor sitio para entrar en un montón de tiendas de artesanía. Todas tienen más o menos los mismos precios.

TEMPTATIONS UNLITD: en el Centro Comercial Pie-

rino Gallo. L 2-11. ☎ 665 57 70. Artesanías de muy buena calidad, un poco más caritas que en las bóvedas. Hay de todo, desde molas cartageneras y de cunas, hasta tallas en madera, cerámicas, hamacas de fibra de palma etc.

THE GIFT: Calle de la Mantilla. En el Centro Histórico. Artesanías de calidad hechas a mano en los alrededores: cerámica, figuritas, balcones, lámparas de Barú, hamacas, colchas, vajillas etc.

CAFÉ

¿A QUÉ SE DEBE LA CALIDAD DEL CAFÉ COLOMBIANO?: en primer lugar a los fértiles suelos de los Andes, a las temperaturas suaves y lluvias abundantes. También es básico el sistema de trabajo. Los granos más finos se siembran en bolsas puestas a la sombra, cuando llegan a los 50 cm, los arbolitos se resiembran en su lugar definitivo. A los dos años florecen y acaban convirtiéndose en frutos. Los agricultores recogen los granos o cerezas cuando están maduros y dejan los verdes para mejores tiempos. Tras ello, los pelan en la fresadora; los lavan y secan al sol. Finalmente los granos son clasificados y se meten en costales de fique. El café entonces es vendido al tostador. Los cafetos duran muchos años, pues se podan o *zoquean*. Un recolector con experiencia puede recoger hasta 200 libras por día. Si comparamos, por ejemplo, el café colombiano con el producido en Brasil o en Bolivia; el segundo es de peor calidad pues se recoge verde. De comprar café, no os dejéis abierto el recipiente porque el producto se pasa. Y una cosa más, un buen café se toma sin azúcar.

El mejor café colombiano se exporta aunque algo se vende en Colombia: si queréis llevaros buen café no basta con comprarlo en cualquier sitio, hay que ir a un establecimiento especializado y pedir café gourmet o de exportación. Además en todas partes veréis unos saquitos, que no están mal, sin duda un buen regalo, y barato, para los amiguetes. Lo mismo que a diario se publica el cambio peso-dólar, la prensa económica colombiana edita tablas con los precios del café en el mundo. El arábigo suave suele ser el más caro por encima del valor del arábigo neoyorquino o del que se negocia en Bremen y Hamburgo. También van detrás los cafés mexicanos, guatemaltecos o peruanos, y no digamos de las producciones cafeteras de Uganda o Indonesia. Si queréis ver el cafeto de cerca, lo mejor es que paséis unos días en algunas de las muchas haciendas que salpican el eje cafetero. Lógicamente en Cartagena podréis comprar todo el café que queráis y, además, los muy cafeteros, no dejéis de ir al Café Juan Váldez.

COFFEE AND: en el Centro Comercial Pierino Gallo 2º Piso. ☎ 665 67 81. Si de comprar café se trata éste es el sitio. Lo tienen de todos los rincones del país, además hay licores, dulces de café y salsas picantes típicas del Caribe. Tienen una diminuta cafetería dónde podéis degustar granizado de café y café helado.

ESMERALDAS, JOYAS PRECOLOMBINAS

COMPRAR ESMERALDAS. El centro histórico de Cartagena está llenito de tiendas en las que venden esmeraldas que por el cromo son de color verde aterciopelado (silicato de berilio alumínico). Es una piedra escasa, pero en Colombia se hallan las más finas del mundo, mejores que las localizadas en Brasil o Zambia. Los yacimientos más granados se hallan al norte y nordeste de Bogotá; o sea, las minas de Chivor y Muzo…

Pongamos que os ponen en la mano una esmeralda y es buena. Su calidad depende del color, preferible un verde oscuro que en ningún caso tendrá tendencias azuladas o amarillentas ni será muy clarito o con transparencias. Hay que fijarse, con una lupa, en la textura para que las menores imperfecciones, rayas y roturas posibles. En Cartagena se encuentran esmeraldas de todos los tamaños y precios, sueltas o engazadas en magníficos diseños de joyería.

COLOMBIAN MINE EMERALDS: en la Calle San Pedro Claver. Esmeraldas sueltas o engarzadas en todo tipo de joyas, todas con licencia.

CLAVIA ARTE PRECOLOMBINO: en el centro comercial Pierino Gallo, 2º Piso. Todo tipo de diseños precolombinos en oro, réplicas de estatuillas en cerámica, collares de piedras preciosas, semipreciosas, coral, hueso, concha, ámbar etc.

EL PRECOLOMBINO: Santo Domingo núm 3-96. ☎ 664 93 55. El chico que atiende es muy simpático. Esculturas precolombinas, réplicas de joyas. Buena relación entre la calidad y el precio.

ESMERALPE: Calle de Ayos núm 4-11. Taller de esmeraldas; veréis como las pulen, etc. Las esmeraldas, nos cuenta don Pedro Vicente Rodríguez, vienen directamente de las minas de Muzo y Coscuez.

GALERÍA CANO: en la Plaza de Simón Bolívar, al lado del Museo del Oro. Otra sucursal de esta prestigiosa joyería de diseños precolombinos.

GREENFIRE: en el Centro Comercial Pierino Gallo. L 2-1. ☎ 665 04 13. Tienda conocida por la calidad de sus esmeraldas. La compañía fue fundada por Willis Bronkie, también llamado Míster Esmerald, ingeniero de Yale que dirigió las minas de Chivor.

JOYERÍA CESAREO: calle Portocarrero 6-09. ☎ 664 11 63 ó 664 52 45. Firma fundada en 1916. La especialidad de la casa, no podía ser de otra forma, son las esmeraldas insertadas en creativos diseños. Ya fuera, fijaos en la fachada calabaza de la casona con precioso y floreado balcón corrido.

LUZ MIRIAM: plaza de Santo Domingo. Edif. Cuesta, L-2. Exposición y venta de arte precolombino.

MUSEO DE LA ESMERALDA: en la Calle San Pedro Claver, enfrente de la anterior. Es prácticamente lo mismo, sólo que si queréis os explicarán cómo extraen las esmeraldas y os enseñarán las piedras en bruto.

JOYAS

LUCY: calle Santo Domingo, 3-19. Una de las joyerías más modernas de la ciudad.

ROMANCE IN THE STONE: calle de la Inquisición, o sea en pleno meollo de la Cartagena histórica. Joya de “arte y diseño”.

SANTO DOMINGO: en el 3-34 de la calle del mismo nombre. Una de las mejores joyerías de la ciudad.

ANTICUARIOS Y DEMÁS CURIOSIDADES

ANTICUARIOS EL ARCÓN: calle San Diego núm 39-46. ☎ 664 53 04. Merece la pena echar un vistazo aunque sólo sea por curiosidad.

LA CAVA DEL PURO: Calle San Juan de Dios núm 3-106. ☎ 665 67 81. Curioso lugar difícil de encontrar en este país. Tienen puros de las mejores marcas perfectamente conservados en la cámara con humidificador. Si está el dueño, un brasilero siempre con un puro en la boca, os ofrecerá un chupito de ron, pues, como dice él y todo el mundo sabe, ensalza el sabor del puro. Pegadita a la tienda se ha montado una diminuta fábrica de puros.

LA RUTA DE LAS INDIAS: plaza de Santo Domingo núm 3-16. ☎ 664 33 89.Todo tipo de objetos aquí y de allá.

NEPTUNO TIENDAS DEL MAR: Calle 2 núm 3-30. ☎ 660 25 31. Anticuario especializado en objetos de la navegación.

PULGUERO: Carrera 3 núm 31-56. En el Centro. ☎ 664 38 68. Todo tipo de objetos, antiguos y no tan antiguos.

SANTO DOMINGO: en la calle homónima núm 33-46. Por si os queréis llevar una acuarela con rincones cartageneros.

VITRALES: calle de las Damas núm 3-20. Curioso taller del arte kirsch de los vitrales, podéis ver cómo los hacen. Tiene lámparas y varios tipos de adornos.

LA MATUNA: desde la Puerta del Reloj, camináis un poco por la Avenida Venezuela e iréis a parar a un mercadillo en plena calle. Nada de artesanías ni recuerdos, sino, cacharros, zapatos, objetos escolares, vamos donde compran los cartageneros. Además todavía quedan, cada vez menos, escribanos, esa profesión maravillosa de la que García Márquez ha hablado en varios de sus libros: veréis hombres con sus máquinas de escribir que prestan los más variados servicios, desde cartas personales hasta documentos jurídicos. Un sitio muy curioso. Una de las calles dentro del mercadillo está dedicada exclusivamente a las flores, también muy interesante.

LICORES

Bueno, tenéis las típicas tiendas de barrio en las que venden cervezas y aguardiente. En la zona de Bocanegra han abierto hace poco una licorería que se llama **San Martín** (alcoholes de marca, chivas, ron colombiano, etc), calle San Martín 9-178, incluso os llevar las botellas al hotel (☎ 655 27 21).

MODA

Varias tiendas de moda rabiosamente moderna en las calles Bolaco, Nuestra Señora del Carmen, Santo Domingo, Estribos y alrededores.

FLORY: en la calle Santa Teresa, 3-13. Ropa muy moderna.

GABY ARENAS: Calle San Pedro Claver. Diseños muy originales y de calidad de esta diseñadora colombiana, natural de Cartagena de Indias, que a veces se pasa por la tienda. La relación calidad-precio es buena.

KETTY TINOCO: con varias tiendas en la ciudad, una de ellas en el centro, en la calle Baloco (edif. Piñeras Local 1); otras en el Hilton Cartagena. Ketty es una diseñadora estupenda: predas finas de lino, muy bonitas, fresca... de lo más apropiadas para pasear con cartagena.

KIA SAN LORENZO: ropa y complementos muy originales de la diseñadora Luna May. En la calle Bolaco.

VICKY TCHERASSI: también en la calle Bolaco con Santo Domingo, edificio Piñeres. Boutique de ropa y complementos. El local es modernísimo.

PINTURAS

Muchas tiendas en el centro histórico las que venden cuadros de arte moderno o los que producen escenas pintorescas colombianas y de Cartagena. Además os darán la paliza rápidamente, por la calle, los vendedores de láminas y dibujos.

Frente a la entrada del castillo de San Felipe de Barajas encontraréis el estudio de un pintor que hace un poco de todo, se llama **Rafael Herrera,** si vais a comprar algo de arte tal vez valga la pena acercarse, sus precios son asequibles (en la avenida de Arévalo 31-93, ☎ 656 39 92).

ALOJAMIENTOS

ALOJAMIENTO EN HABITACIÓN DOBLE	
Ⓑ Barato	hasta 30 €
Ⓜ Medio	de 30 a 60 €
Ⓒ Caro	de 60 a 120 €
Ⓛ Lujo	más de 120 €

Lo mejor para ir a Cartagena es comprar un "paquete" que os incluya el billete de avión y el hotel, hay para todos los gustos y precios, y sale bastante más barato que adquiriendo todo por separado. Claro que si preferís un hostal o un hotel menos turístico no los encontraréis en estas ofertas.

CASCO HISTÓRICO (San Diego): hay una serie de hostales asequibles en torno a la calles Coliseo, Colegio y Porvenir (El Viajero, etc). Media docena de hoteles coloniales de gran lujo, como el **Santa Clara.**

GETSEMANÍ: hoteles de todo tipo, algunos lujosos de estilo colonial o hoteles boutique, pero destacan los **hostales baratos** frecuentados por mochileros o backpackers. Hay muchos en las calles Santa Bárbara, Guerrero, Sierpe y adyacentes.

BOCAGRANDE: aquí se encuentran algunos de los grandes complejos turísticos, grandes hoteles, etc.

HOTELES BOUTIQUE. En el centro histórico (San Diego y Getsemaní) hay bastantes hotelitos o bed&breakfast con encanto (precio medio-caro). Aquí os ponemos sólo algunos: **Ananda** (Centro calle del Cuartel, 36-77; 664 44 52 **hotel@anandacartagena.com**), **Casa de Lola** (en Getsemaní, calle del Guerrero, 29-108, ☎ 664 15 38 **reservas@casalola.com.co**), **Hotel Agua** (calle de Ayos, 4-29, ☎ 664 94 79 ó 664 94 31 **info@aguabedandbreakfast.com**), **Aguamarina** (calle Santo Domingo, 33-16; ☎ 664 07 97), **Alfiz** (calle Cochera del Gobernador, 33-28, ☎ 660 00 06 **www.alfizhotel.com**), El Marqués (calle de Santo Domingo, 33- 41, ☎ 664 44 38 ó 660 07 46. **www.elmarqueshotelboutique.com**) **Casa La Fe** (Cra. 7, 26-125, ☎ 664 03 05 **http://kalihotels.com/en/hotel-casa-la-fe/**), **Tsherassi Hotel Spa** (Cra. 6, calle Sargento Mayor, 6-21, ☎ 664 44 45 **www.tcherassihotels.com**), **La Passion Hotel Lounge (**calle Estanco del Tabaco, ☎ 664 86 05, **www.lapassionhotel.com**), **Casa India Catalina** (Calle del Coliseo, 5-67, ☎ 664 43 61), **Casa Pestagua** (uno de los mejores y más bonitos, tiene incluso un spa-zen, en la

ARTAGENA (ALOJAMIENTOS)
Avenida Sa
Plaza
la Me
C. Gastelbando
C. de la Factoría
C. de los Estribos
C. de Don Sancho
Calle de La Mantilla
Pl. Sto. Domingo
C. Sto. Domingo
Sto. Domingo
La Estrella
Calle
C. del Cuart
Avenida Santander
Paseo del Triunfo
C. de la Iglesia
C. de la Inquisición
C. de las Damas
C. de los Santos de Piedra
C. del Estanco de Tabaco
C. de la Soledad
Plaza de la Proclamación
C. del Coliseo
C. del Porvenir
C. S. Juan de Dios
C. de la Ronda
Calle Vélez Danies
C. del Colegio
CENTR
SAN DIE
C. de las Carreteras
Plaza de San Pedro Claver
Plaza de la Aduana
Plaza de los Coches
Avenida Blas de Lezo
Muelle Turístico de La Bodeguita
Carrera 8
Paseo de los Mártires
Centro de Convenciones
Bahía de las Animas
Avenida del Mercado
Ave
PARQUE DEL CENTENARIO
Avenida del Ce
C. de la Media Luna
GETSEMANÍ
Calle del Arsenal
Calle Larga
C. de San Juan
C. del Guerrero
ALOJAM
ECONÓ
C. San Antonio
Plaza de la Trinidad
C. del Pozo
C. del Pozo
C. del Carretero
C. Angosto
C. Angosto
C. de la Tusa
C. del Espíritu Sa
C. de Lomba
Playa del
C. de las Palmas
Lagun
BALUARTES
A. Santa Catalina
B. San Lucas
C. San Pedro Mártir
D. San Miguel
E. Santa Teresa
F. Santa Bárbara
G. San José
H. Del Reducto
I. Sn Juan Bautista
J. San Ignacio
K. San Francisco
L. Santiago
M. Santo Domingo
N. De la Cruz
Ñ. De la Merced
O. Santa Clara

Mar Caribe
Plaza del Tejadillo
Avenida Santander
C. del Tejadillo
C. del Sargento
C. del Curato
C. del Torno
C. de las Bóvedas
Plaza de San Diego
Plaza de las Bóvedas
C. Cochera de Hobo
C. Tumbamuerto
C. del Campo
C. del Jardín
C. de la Tablada
C. de los Puntales
C. de los S. Infantes
C. de la Carbonera
C. de la Serrezuela
Playa de San Carlos
C. de la Moneda
C. de la Bomba
C. Quero
C. del Boquete
C. de la Cruz
Calle Portobelo
C. S. Pedro Mártir
Av. Venezuela
Laguna de Cabrero
Carrera 10
Carrera 10A
Carrera 10B
LA MATUNA
C. Tripita y Media
C. del Solar
C. de Maravillas
Avenida Luis Carlos López
C. de las Tortugas
Laguna de Chambacú
Puente Heredia
ALOJAMIENTOS
1. Hostal San Roque
2. La Casona
3. Villa Colonial
4. Casa Canabal
5. Bantú
6. Santa Clara
7. Agua
8. Bóvedas de Santa Clara
9. Hotel Charleston
10. El Marqués
11. Casa Pastagua
12. Alfiz
13. Casa el Arzobispado
14. India Santa Catalina
15. Puertas de Cartagena
16. Casa de La Fe
17. El Viajero

calle Santo Domingo, 33-63, ☎ 664 95 10 **www.casapestagua.com**), **Casa de la India Catalina:** calle del Coliseo núm. 5- 67, ☎ 664 43 61 **www.hotelcasaindiacatalina.com/es-es**). **Casa del Quero:** en la calle del Quero, 9-53; ☎ 664 63 28. **www.casa-quero.cartagena-hotels-co.com/es** en la calle del Quero, 9-53; ☎ 644 493. **Otros:** *Charleston Santa Teresa, Casa del Curato, La Merced, Casa del Arzobispado,* etcétera.

NUEVOS HOTELES: la cadena **Melià** terminó hace unos pocos años de construir su potente y nuevo hotel de cinco estrellas: **www.meliacartagenadeindias.com** La cadena **Intercontinental** abrió también hace un par de años un impresionantel hotel **www.intercontinental.com** ☎ 642 42 50.

EN EL CENTRO HISTÓRICO

Ⓑ **HOSTAL HOTEL SAN DIEGO:** Centro San Diego núm. 39-120. ☎ 660 09 82. En plena Ciudad Vieja y con fachada con historia. Los cuartos grandes y en perfecto estado. Dieciocho dobles, tres triples y nueve múltiples. Muy recomendable.

Ⓑ **LA CASONA:** en Getsemaní, calle Tripita y Media Cra. 10 núm. 31-32, ☎ 664 13 01 ó 660 22 10. **hostallacasona@hotmail.com** Instalaciones muy agradables, con un toquecito colonial, los cuartos que tienen baño, tele y aire dan a un bonito patio. Servicio de lavandería.

Ⓑ **MONTECARLO:** en la plaza Central, Calle 34 núm 10-14. Bien situado. Habitaciones sencillas, con baño y ventilador, y mucha luz natural pues los ventanales dan a la plaza y al mercadillo. Televisión en el salón.

Ⓑ **SAN DIEGO:** Centro San Diego núm. 39-120. ☎ 660 09 82. En plena Ciudad Vieja y con fachada con historia. Los cuartos grandes y en perfecto estado. Dieciocho dobles, tres triples y nueve múltiples. Muy recomendable.

Ⓑ **SAN FELIPE:** avenida del Centenario, junto al parque. ☎ 664 02 05. **www.hotelsanfelipeplaza.com** Hostal con habitaciones limpias, amplias, muy agradables y con mucha luz natural. Tienen aire acondicionado, baño, teléfono.

Ⓑ **SAN NICOLAS:** La Matuna, Plazoleta Telecom calle 34 núm 11- 15. ☎ 660 03 27. Ochenta habitaciones repartidas en una mole de diez plantas. Está en el centro comercial y cerca del centro histórico. Las habitaciones son sencillas.

Ⓑ **SAN ROQUE:** un hostal muy sencillo y límpio en Getsemaní, en la calle Guerrero, ☎ 664 83 23. **www.sanroque.cartagena-hotels-co.com/es**

Ⓑ **SANTO DOMINGO:** calle Santo Domingo núm 33-46. ☎ 664 22 68. Casa como colonial, habitaciones con aire acondicionado, comodidades suficientes. En el centro histórico, recomendable.

(B) **TRES BANDERAS:** calle Cochera del Hobo núm 38-66. ☎ 660 01 60. Parecido al anterior, también en el centro.

(B) **VILLA COLONIAL:** calle de las Maravillas 30-60, ☎ 664 49 96. **www.hotelvillacolonial.com** Hotelito de tres plantas en una de las esquinas de Getsemaní, cerca de un tramo de las murallas y de la iglesia de San Roque. Habitaciones muy limpias, con baño y tele. En la parte baja está el salón con internet gratis. Muy buena la relación calidad-precio.

(M) **PUERTAS DE CARTAGENA:** su mayor ventaja es que está en el centro histórico, muy bien situado, calle Sargento Mayor (calle 38, núm. 6-5), ☎ 660 09 61. **www.hotelpuertasdecartagena.com** Instalaciones pulcras, patio, habitaciones confortables, claras. Internet, desayuno, lavandería. En los alrededores, media docena de hostales baratos.

(M) **CENTRO HOTEL:** calle del Arzobispado, 34-80; ☎ 664 04 61 ó 664 89 61. **www.centrohotelcartagena.net** Hotel bien acondicionado, sin llegar al lujo, en pleno centro de histórico. Una buen opción si os queréis gastar menos de 100 USD.

(C) **CASA DEL ARZOBISPADO:** calle del Arzobispado, 34-32; ☎ 664 41 62. **www.hotelcasadelarzobispado.com** Hotel colonial elegante con diez habitaciones amplias y perfectas; spa, jacuzzi, piscina. Bicicletas para pasear por la ciudad, también tienen un servicio de lancha para ir a la isla del Rosario. Restaurante de calidad. Está en pleno centro del casco histórico.

(C) **CASA CANABAL:** en Getsemaní, calle Tripita y Media (Cra. 10, núm. 31-39), ☎ 660 06 66. **www.casacanabalhotel.com** Hotel boutique con instalaciones muy cuidadas.

(C) **BANTÚ:** calle de la Tablada, ☎ 664 33 62. **www.bantuhotel.com** En el centro histórico, al lado del Museo de la Moneda. Veintitrés habitaciones de diseño, todas con aire acondicionado, televisor LCD, minibar, caja de seguridad, baño impecable. Cuenta incluso con una suite presidencial. Arquitectura colonial con toques muy modernos.

(L) **CASA DEL CURATO:** calle del Curato, núm: 38-89. ☎ 66 43 648 ó 660 18 91. **www.casacurato.com** Precisosa mansión del siglo XVII totalmente restaurada para comodidad de sus huéspedes. Las habitaciones tienen diseño impecable y cuentan con todas las comodidades de la vida moderna. Tiene piscina y terrazas.

Ⓛ **CHARLESTON CARTAGENA PLAZA SANTA TERESA:** plaza de Santa Teresa, 31-23, ☎ 664 94 94. **www.hoteles-charleston.com** Localizado dentro de la ciudad amurallada, rodeado y siendo parte de este patrimonio de la humanidad llamado Cartagena. Con una ubicación privilegiada cerca al Centro de Convenciones Getsemaní y a solo minutos de la ciudad moderna, el sabor, la historia y la mística de Cartagena. Este es un lugar donde la historia permanece viva, donde los estilos colonial y republicano ofrecen un contraste singular y armónico para el pleno goce de los sentidos. Restaurado por manos expertas, el buen gusto en los detalles se aprecia en todo el ámbito del hotel, desde su imponente fachada hasta su cálido y majestuoso interior. Cada rincón del Hotel Charleston evoca la época de la Cartagena antigua, la Cartagena eterna...

Ⓛ **LA MERCED HOTEL BOUTIQUE:** Centro carrera 4 núm 36- 165 Calle Don Sancho. ☎ 664 77 27 ó 666 47 22 **reservas@lamercedhotel.com** Con instalaciones muy cuidadas.

Ⓛ **QUADRIFOLIO:** calle del Cuartel (Cra 5, núm. 36-118), ☎ 664 60 53. **www.hotelquadrifolio.com** Sofisticado y elegante, con toques coloniales. Junior suites con todas las comodidades. Piscina climatizada, jacuzzi.

Ⓛ **SANTA CLARA:** en el antiguo Convento de Santa Clara, plaza de San Diego, en pleno centro histórico; ☎ 650 47 00. **www.hotelsantaclara.com** Es uno de esos lujosos hoteles con encanto que aprovecha un edificio colonial, con bonito y pintoresco patio. Ciento ochenta habitaciones. Decorado con gusto y con sentido moderno del diseño. Cuenta con varios restaurantes cada uno con una especialidad, cocina francesa, italiana, colombiana y bares: El Refectorio, San Francisco, Café del Claustro, Bar El Coro. Piscina y jacuzzi. Pertenece a la cadena Sofitel. De la misma compañía, **Hotel Boutique Bóvedas de Santa Clara** (San Diego, calle del Torno 39-29, ☎ 650 44 65).

BOCAGRANDE

(B) **DA PIETRO:** Carrera 3 núm. 4-401. ☎ 665 23 69. Próximo a El Laguito. Instalación que cuenta con doce dobles y seis triples. Fachada arreglada. Cuartos sencillos, bien amueblados, con ventilador.

(B) **INTERNACIONAL:** emplazado al final de Bocagrande, en la avenida de San Martín núm 4-110. Cinco triples, una individual y siete habitaciones dobles. Pequeño; cuartos sencillos, muy limpio y a un tiro de piedra de la playa.

(B) **LA GIRALDA:** Carrera 3a núm. 7-166. ☎ 642 45 13. En Bocagrande. Data, como hotel, de 1972. La construcción *es de estilo republicano.* Veintisiete habitaciones limpias y cerca de la playa.

(B) **LOONELA HOSTAL:** Carrera 3 núm 7-142, ☎ 665 47 61. Casa como colonial, cosa bastante extraña en esta moderna zona, completamente remodelado y a dos cuadras de la playa. Habitaciones con comodidades suficientes. Recomendable.

(B) **TINTORERA:** Carrera 3 5- 123. ☎ 665 24 59. Cómodas habitaciones, aire acondicionado, muy buena atención.

(B) **PARÍS:** Carrera 2 núm. 6-40. ☎ 665 25 88. Hotelito con suficientes comodidades a dos cuadras de la playa. Tienen lavandería y piscina.

La mayoría de estos hoteles ofrecen planes que van desde el "todo incluido", hasta dos comidas o sólo desayuno. La clasificación de precios se ha hecho según aquellos que los propios hoteles exhiben en su recepción, sin embargo, si lo contratáis como parte de un paquete, seguramente salen más baratos.

(C) **BAHIA.** Calle 4 con Carrera 4 esquina. ☎ 665 03 18. Cuatro estrellas. Próximo a El Laguito y con ancha piscina redonda. Las habitaciones son amplias y luminosas, con suelo ajedrezado, decoradas con gusto.

(C) **BARLOVENTO:** Carrera 3 núm 6-23. ☎ 665 39 65. Cuatro estrellas. Emplazado en la mitad de Bocagrande. Habitaciones amplias, como decoradas en estilo colonial. Mucha luz.

(C) **CAPILLA DEL MAR:** Bocagrande, Cra 1, núm. 8-12, ☎ 650 14 00. **www.capilladelmar.com** Uno de los hoteles con mayor solera de la ciudad. Ochenta y cinco habitaciones completamente renovadas, muy modernas, con grandes cristaleras que dan al mar; tres restaurantes con cocina variadas; además: piscina, solárium, *Plaza Marina* al aire libre, bar giratorio en el piso 21 (único en la ciudad) y una completa infraestructura para quienes quieran hacer negocios.

CARTAGENA MILLENNIUM: avda. San Martín carrera 27-109. ☎ 665 87 11. **www.hotelcartagenamillennium.com** En el centro de Bocagrande, con una entrada impresionante. Moderno.

CARTAGENA PLAZA: Carrera 1 núm. 6-54. ☎ 665 40 00 ó 655 07 67. **www.cartagenaplaza@doradoplaza.com** Cuatro estrellas. Edificio de veinte pisos que alberga más de trescientas habitaciones. Cuartos espaciosos con mucha luz natural, alargados y con mobiliario en perfecto estado.

COSTA SOL: Carrera 1 núm 9-18. ☎ 665 08 44. En Bocagrande. Cuatro estrellas. Arquitectónicamente merece la pena que os detengáis ante esta construcción. Grandes cristaleras, espigadas palmeras, no está mal. Cuartos amplios, bar, piscina, etc.

CHARLOTTE CARTAGENA: avda. San Martín núm. 7-126. ☎ 665 92 98. **www.hotelcharlotte.com** Hotel pequeño en un edificio histórico azul. Diez habitaciones y con encanto. En medio de la interminable avenida San Martín.

DANN LAS VELAS: avda. de Las Velas núm 1-60. ☎ 665 05 90. Cuatro estrellas. En la península del Laguito, junto a la playa. Más de cien amplias habitaciones con aire acondicionado, mini bar, televisión. Piscina, cafetería, restaurante.

DECAMERÓN: Carrera 1 núm 10-80. ☎ 665 44 00 ó 665 14 72. Tres estrellas. **www.decameron.com** Alargado rascacielo. Todas las habitaciones con aire acondicionado central y vista al mar. Varios restaurantes y bares; piscina, discoteca; organizan fiestas, etc. Es uno de los más conocidos por sus paquetes de "todo incluido", te ponen una pulserita y a consumir.

EL DORADO: Avda. San Martín núm 4-41. En Bocagrande. ☎ 665 02 72 ó 665 02 11. Tres estrellas. **www.doradoplaza.com** Edificio de esos que imprimen carácter en las ciudades modernas. Habitaciones con las suficientes comodidades; discoteca.

FLAMINGO: Avenida San Martín núm 5-85. ☎ 665 03 01. En Bocagrande. Habitaciones un poco cursis, pero limpias y confortables.

INTERNACIONAL BARAHONA: avenida San Martín carrera 2 núm 4 -110. ☎ 665 26 75 ó 665 89 68. **info@hotelesbarahona.com** Habitaciones bien acondicionadas, muy turístico. De la misma cadena es el hotel **Barahona 446**, también en la avenida San Martín, ☎ 665 61 44.

LAS AMÉRICAS: Anillo vial sector Cielo Mar. Un poco alejado del centro cartagenero, aunque en bus se tarda 10 minutos. Cinco estrellas. Como chalecillos en perfecto estado y a la vera de dos amplias piscina. Doscientas cincuenta habitaciones con balcón, hamaca y vistas, aire acondicionado, radio y TV. Minigolf, tenis, equitación, Mesón Don Cristóbal, etc.

G MICHEL PLAZA: avda. San Martín núm 5-52. ☎ 665 30 97 ó 665 34 47. Cuatro estrellas. Próximo a la playa, otro de los muchos hoteles que pueblan Bocagrande. Entrada algo escenográfica y habitaciones amplias, suficientes.

L ALMIRANTE CARTAGENA ESTELAR: avda. San Martín Calle 6 Esquina. ☎ 665 88 11 **www.hotelestelar.com** Instalaciones modernas.

L CARIBE: Carrera 1 núm 2-87. ☎ 665 01 55 ó 665 01 55. Cinco estrellas. **www.hotelcaribe.com** Impresionante, lujoso y circular complejo entre dos aguas. Trescientas sesenta y dos habitaciones de las que 17 son suites: desde ellas vistas marinas y caribeñas. Sobra decir que están equipadas con aire acondicionado, mini bar, TV en la que se reciben los más importantes canales internacionales. Dispone de cancha de tenis, golf, gimnasio con sauna, baño turco. Envuelven el complejo 35.000 metros cuadrados de exóticos jardines tropicales. Otros servicios: restaurante muy elegante en el que ofrecen cocina típica cartagenera, cafetería Catalina, para desayunar junto a la piscina, casino internacional. Centro comercial al lado.

L CARTAGENA HILTON: Avda. Almirante Brión, en El Laguito. ☎ 665 06 60. **www.hilton.com** Cinco estrellas. Uno de los más lujosos hoteles de esta parte de Colombia. Ciento sesenta dobles y 36 suites. El edificio es moderno y se asienta en el extremo de la península del Laguito. Luce espectaculares formas escalonadas. Tres piscinas, tobogán y cascadas; tres canchas de tenis iluminadas. En el restaurante siguen la tradición culinaria española. Al lado del hotel, varias playas privadas con chiringuitos y tumbonas.

RESTAURANTES

RESTAURANTES COMIDA MEDIA A LA CARTA	
Ⓑ Barato	hasta 15 €
Ⓜ Medio	de 15 a 25 €
Ⓒ Caro	de 25 a 55 €
Ⓛ Lujo	más de 55 €

Muchos, lógicamente, en el Centro Histórico (San Diego) y en Getsemanía, también hay bastantes en Bocanegra, sobre todo a lo largo y ancho de la avenida de San Martín. En los más modestos la comida es muy barata e igualmente está buena: estupendas sopas y guisados, sobrebarriga, etc.

COMIDA RÁPIDA: donde más hay sitios de estos es en Bocagrande, o sea, la zona hotelera, montones de sitios con precios asequibles en los que sirven combinados, pizzas, perritos, hamburguesa, pollo, arepas, etc. Lo mejor es dar un paseo: Pizzería Margarita, el Trapiche Paisa, Jenos Pizza, La Fonda de J., El Corral (hamburguesas, ensaladas) y muchos otros que van cambiando de nombre.

EN EL CENTRO HISTÓRICO (SAN DIEGO)

Varias casas de comidas en la Calle de los Ayos con precios económicos.

Ⓑ **CAFÉ DE LA PLAZA:** plaza de Santo Domingo. ☎ 664 09 20. Tienen para picar, menús, y demás. En una terraza en medio de la plaza.

Ⓑ **CAFÉ SANTO DOMINGO:** plaza de Santo Domingo. ☎ 664 14 22. Más o menos igual que el anterior, están pegaditos.

Ⓑ **DRAGÓN DE LA MARINA:** calle del Porvenir núm 35-46. ☎ 664 02 14. En el corazón del centro, rica comida chino.

Ⓑ **GIRASOLES:** San Diego Calle de los Puntales núm 37-01 con la tablada esquina. Restaurante Vegetariano con 22 años de tradición. En el mismo sitio puede encontrar panadería y galletería para diabéticos, ensaladas de frutas y jugos naturales.

(B) **EL MAIZALITO:** junto a la plaza Fernández Madrid. Almuerzo corriente.

(B) **PIZZA Y PASTA:** Calle del Arzobispado esquina. Calle del Coliseo Frente a la notaria 1. ☎ 664 89 40. Riquísimas pizzas y lasañas, cerveza y buen vino.

(B) **TERIYAKI SUSHI BAR:** Plaza San Diego núm 8- 28. ☎ 664 86 51. Comida japonesa.

(M) **1811 RESTAURANTE BAR:** en la calle del Cuartel, 36-17; ☎ 660 22 13. Una de las novedades de los últimos años. Comedor agradable y carta basada tanto en la cocina internacional como en la gastronomía caribeña.

(M) **CAFÉ DEL MAR:** calle del Santísimo núm 8-19. ☎ 664 33 16. Dirigido por su propietario y chef de *Cordon Blue*, Federico Vega. Un sitio animado de decoración alegre y comida de calidad. Para beber pedid el mojito.

(M) **DA DANNI´S:** Calle del Santísimo núm 8-01. ☎ 660 00 30. Entradas frías y calientes, pastas con sus salsas, pastas rellenas, risotto, postres y mucho más. Todo de muy buena calidad.

(M) **DONDE OLANO:** Santo Domingo con la calle Inquisición, ☎ 664 70 99. Mansión con fachada rojiza. Comedor agradable en el que ofrecen una carta variada: preparan los camarones de cuatro formas; buenas carnes: desde el lomito creole hasta un suculento filete *mignon.* Quienes quieran comer más ligero pueden pedir una ensalada del mar. Muy buena la relación calidad-precio.

(M) **DEL CABILDO:** Calle de la Tablada, núm 7-62. ☎ 664 36 62. Carta de cocina internacional. Es también un hotel de cuatro estrellas.

(M) **FUSION GRIL Y FACTORY:** Detrás del Hotel Santa Teresa esquina. ☎ 664 62 07. Cocina oriental, fusión y latina.

(M) **HARD ROCK CAFÉ:** en la plaza de la Aduana, ☎ 664 39 38. Buenos filetes. Música en vivo.

(M) **LA BODEGUITA DE EN MEDIO:** calle Santo Domingo. En el Centro Histórico. Emulando el mítico sitio de La Habana, acogedor, decorado con fotos revolucionarias y atendido por sus dueñas, muy simpáticas. Ponen ropa vieja, rollo llanero, etc. No os perdáis el jugo de tamarindo y los mojitos.

(M) **LA BRUSCHETTA:** Calle del Curato núm 38-135. ☎ 660 01 16. Sabores originales de la comida italiana.

(M) **LA COCINA DE CARMELA:** Calle del Santísimo núm 8-10. ☎ 664 28 98. Sabores de la comi-

CARTAGENA (RESTAURANTES)
Avenida Santander
Paseo del Triunfo
C. Gastelbando
C. de la Factoría
C. de los Estribos
Pl. Sto. Domingo
C. Sto. Domingo
Calle de La Mantilla
La Estrella
C. de Don Sancho
Calle
C. Sto. Domingo
C. de la Iglesia
C. de la Inquisición
C. de los Santos de Piedra
C. del Estanco de Tabaco
C. de la Soledad
C. de las Damas
Plaza de la Proclamación
C. del Coliseo
C. del Porvenir
C. S. Juan de Dios
C. de la Ronda
Calle Vélez Daníes
C. del Colegio
C. de las Carreteras
Plaza de San Pedro Claver
Plaza de la Aduana
Plaza de los Coches
Avenida Blas de Lezo
Muelle Turístico de La Bodeguita
Centro de Convenciones
Paseo de los Mártires
Carrera 8
Bahía de las Animas
Avenida del Mercado
PARQUE DEL CENTENARIO
C. de la Media Luna
GETSEMANÍ
Calle del Arsenal
Calle Larga
C. de San Juan
C. San Antonio
Plaza de la Trinidad
C. del Guerrero
C. del Pozo
C. del Pozo
C. Angosto
C. Angosto
C. del Carretero
C. de la Tusa
C. de Lomba
C. de las Palmas
BALUARTES
A. Santa Catalina
B. San Lucas
C. San Pedro Mártir
D. San Miguel
E. Santa Teresa
F. Santa Bárbara
G. San José
H. Del Reducto
I. Sn Juan Bautista
J. San Ignacio
K. San Francisco
L. Santiago
M. Santo Domingo
N. De la Cruz
Ñ. De la Merced
O. Santa Clara

Mar Caribe
Ñ
O
A
B
C
D
E
F
Plaza del Tejadillo
Avenida Santander
C. del Tejadillo
C. del Sargento
C. del Curato
C. del Torno
C. de las Bóvedas
Plaza de San Diego
Plaza de las Bóvedas
C. Cochera de Hobo
C. Tumbamuerto
C. del Campo
C. del Jardín
C. de la Tablada
C. de los Puntales
C. de los S. Infantes
C. de la Carbonera
C. de la Serrezuela
Playa de San Carlos
C. de la Moneda
C. de la Bomba
C. Quero
Calle Portobelo
C. del Boquete
C. de la Cruz
C. S. Pedro Mártir
Av. Venezuela
Laguna de Cabrero
Carrera 10
Carrera 10A
Carrera 10B
LA MATUNA
C. Tripita y Media
Carlos López
Avenida Luis
C. del Solar
C. de Maravillas
C. de las Tortugas
Media Luna
Laguna de Chambacú
Puente Heredia
1
2
10
10
RESTAURANTES
1. Juan de Mar
2. Santísimo
3. La Vitrola
4. Quebrancho
5. La Enoteca
6. Café Juan Valdez
7. 1811
8. Oh La La
9. San Pedro
SUPERMERCADOS
10. Éxito

da colombiana y mediterránea

Ⓜ **LA VITROLA:** en la de Calle Baloco, ☎ 664 07 18. Elegante, cocina internacional, carnes frescas. Música en vivo.

Ⓜ **LEÓN DE BAVIERA:** avenida del Arsenal, 10B-65; ☎ 664 44 50. Cierran los lunes y abren a las 17.00 h. Viene a ser una cervecería con platos y bebidas alemanas. Rock en vivo.

Ⓜ **MONTE SACRO:** cafetería amplia, moderna que es a la vez restaurante. Ambiente acogedor dentro y en el balcón. Cocina internacional y de fusión. En el centro Parque Bolívar, ☎ 668 59 09.

Ⓜ **NENA LELA:** Calle de la Artillería, núm 36-38. ☎ 664 32 71. Comida italiana en un muy buen ambiente

Ⓜ **PACO´S:** en la Plaza de Santo Domingo. ☎ 660 16 38. En la esquina pegada a la estatua de Botero. En el menú, desde comida colombiana hasta algún plato español. Por la noche, después de cenar, mucha rumba.

Ⓜ **PALO SANTO:** Calle de las Damas, 3-13, local 3; ☎ 664 96 58. Comedor muy agradable en el que ofrecen pescados y mariscos. Antes tenían una carta muy divertida: *rosario* (ceviche de camarones), *el divino* (camarones al ajillo empanados), *que Dios te bendiga* (ensalada que lleva salsa de anchoas y queso parmesano), *portal de Belén* (lomo a los tres pimientos), etcétera. Ahora la carta está basada en lomos, langostas y róbalos, con estos tres ingredientes preparan bastantes platos. No falta en la carta una sección de "bebidas alternativas", será cosa de probarlas todas. También es un buen sitio para tomarse unas copas.

Ⓜ **PATAGONIA:** en la calle del Curato. Asados y cortes de carne argentino bien acompañados de chorizos, pimientos, etc. Local profusamente decorado en el que no faltan las referencias al fútbol. Carta de vinos argentinos.

Ⓜ **PIAZZA LUNA:** en la Plaza de San Diego. ☎ 665 58 62. Probablemente las mejores pizzas de la ciudad, os podéis sentar en la terraza que da a esta animada plaza.

Ⓜ **QUEBRACHO:** Calle Baloco núm 2-69. ☎ 664 13 00. Cocina argentina, carnes, pescados y mariscos a la brasa. Destacan los cortes argentinos: matambre, bife de lomo, churrasco, etc. En la carta cuenta con una sección de pastas con varias salsas. Espectáculos en vivo; o sea tango, etc.

Ⓒ **D´LUCHO:** plaza de San Diego núm 8-19. ☎ 660 04 39. Casa colonial donde su anfitrión, Lucho, ofrece platos caribeños, árabes y alguno europeo, una buena opción.

EL CABILDO: calle Tablada, 7-62; ☎ 664 33 62. **www.bantuhotel.com** Es el restaurante de un excelente hotel, el Bantú. Este restaurante es bastante especial porque ofrecen alta cocina caribeña con toques creativos. Comedor lleno de detalles, elegante.

> **EL MAR DE JUAN:** plaza de San Diego. ☎ 664 58 62. La mayoría de los restaurantes (Juan del Mar Mesa Peruana, ☎ 664 51 98, etc) que hay en esta plaza pertenecen al cartagenero Juan del Mar, y éste es su local estrella. Cocina colombiana y antillana muy elaborada, pescados envueltos en hojas de plátano con chutney de mango etcétera.

GINGER: plaza de San Diego. ☎ 664 58 62. Ultimo invento de Juan de Mar, pegadito al anterior, con especialidad en comida asiática y cócteles exóticos.

LA ENOTECA: calle San Juan de Dios núm 3-39. ☎ 664 38 06. Lujoso restaurante italiano ubicado en una casa colonial.

OH LA LA: en pleno centro histórico, calle de los Atos 4-48; ☎ 660 17 57. Decorado con gusto; cocina francesa.

PORTÓN DE SANTO DOMINGO: en la calle Santo Domingo (Cr. 3, núm. 33-66), ☎ 664 48 46. Elegante y colonial. Cocina internacional con especial atención a los platos marineros. Tiene cuatro ambiente: un *lobby bar* para tomarse unos cócteles o para fumarse un buen habano, la zona denominada el *Patio,* una zona de vinos denominado *Cava* y el comedor en sí.

> **SAN PEDRO:** en la Plaza San Pedro Claver. ☎ 664 51 21. Magníficamente decorado, con sentido del diseño, comedor desde el que se aprecia la plaza. Cocina internacional, algunos platos orientales; sushi. Desde lomo al queso azul o pollo al jerez hasta varios platos a base de langostinos. Tienen una agradable terraza. Buena relación calidad-precio.

SANTA CLARA SOFITEL (los tres restaurantes): en la misma Plaza de San Diego. Tres opciones: *El Refectorio,* francesa; *San Francisco,* italiana, y *Café del Claustro,* internacional.

EN GETSEMANÍ

LA COCINA DE PEPINA: es un buen sitio para probar la cocina tradicional colombiana. Esté en Getsemaní, callejón Vargas, ☎ 300 856 51 89.

(B) EL MESÓN DE MARÍA Y MULATA: calle del Arsenal, ☎ 664 07 18. A unos metros del Centro de Convenciones. Comedor pequeño con muebles castellanos, sitio con encanto donde se come bien. En la entrada se lee: "Prohibida la blasfemia, palabra soez y el comportamiento disoluto en este honorable lugar". Y por la noche, rumba.

(M) LA CASA DEL BUEN MARISCO: calle Larga 8B-32, ☎ 664 31 67. En el centro histórico. Todo de madera, manteles a cuadros, marisco y pescado fresco. Suele estar a tope. Os atenderá muy bien Senén. Buena relación calidad-precio.

(M) LA CASA DEL SOCORRO (la original): calle Larga calle 25 núm 8 B- 112. ☎ 664 46 58-664 46 59. Este sitio es reconocido como uno de los mejores, si de comida típica costeña se trata. La atención es excelente y el ambiente también. Dese éste gusto, no se arrepentirá.

(M) LEON DE BAVIERA: Calle del Arsenal núm 10 B 65. ☎ 664 44 50. Cerveza y comida Alemana. Todos los **jueves** rock en vivo.

(M) LA BONGA DEL SINÚ: Al final del Arsenal. Abierto recientemente está cobrando auge; éste es el tercer local que su dueño, originario de Montería, abre en el país. Primero fue en su ciudad natal, luego en Bogotá y ahora aquí en Cartagena. Carnes tiernas, especialmente el cebú, todo tipo de cortes a la brasa.

(M) MAR DE LAS ANTILLAS: Calle Larga núm 8B-26. ☎ 664 57 10. Es sólo para comer o cenar muy temprano, antes de las 6:00. Tienen un patio con aire acondicionado y sirven lo bueno del mar Caribe, con sus condimentos. Además sancochos y cazuelas de marisco.

EN LA MATUNA

(B) LA TINAJA: Carrera 10 núm 10-36. ☎ 664 10 19. En el centro de este barrio con mucho sabor, comida típica y la decoración también.

MANGA

(B) NARCOBOLLO: avenida de la Asamblea núm 27-59. ☎ 660 98 19. Uno de los lugares más tradicionales de Cartagena. Todo en antojos costeños. Los expertos dicen que si de sabor costeño se trata este es uno de los sitios obligados.

(C) CLUB DE PESCA: fuerte de San Sebastián del Pastelillo, Manga. ☎ 660 45 94. Fundado en 1956. Terraza en plena fortaleza cartagenera. Pescados, mariscos y guisos marineros. El sitio es una maravilla, tiene una vista de la bahía espectacular, sobre todo de noche. Merece más la pena el sitio que la comida.

EN EL CABRERO

Ⓒ **CARBÓN Y LEÑA:** avda. Santander núm 42-08. ☎ 664 67 74. Decoración típica, terraza con vistas y carne muy fresca.

Ⓒ **LA CASA DE LA LANGOSTA:** Calle Real núm 42-43. ☎ 664 47 13. Instalado en una mansión de finales del XIX convenientemente reformada y conocida como Casa Amarilla de El Cabrero. Uno de los mejores sitios de la ciudad para comer pescados y mariscos.

Ⓒ **LA FRAGATA:** Calle Real del Cabrero, muy cerquita del anterior. ☎ 664 87 34. Excelente comida de mar y una de las mejores vistas de las murallas.

EN BOCAGRANDE

En la Avenida de San Martín hay muchas terrazas baratas.

Ⓜ **AKLE:** en la avenida San Martín, Bocagrande, ☎ 66 59 162. Especialidades árabes.

Ⓜ **ÁRABE E INTERNACIONAL:** Carrera 3 núm 8-83 en Bocagrande. ☎ 665 43 65. Todo el Caribe colombiano está poblado de libaneses que aquí encontraron un buen lugar para prosperar, para muestra, la familia de Shakira. Por eso aquí la cocina árabe es muy popular, y en este restaurante buenísima.

Ⓜ **DANNY EL CHURRASCO ARGENTINO:** Carrera 3 con calle 5, en la esquina. ☎ 665 45 23. Comedor interior y terraza, decorado con objetos alusivos a la tierra de los gauchos y tangos de fondo. Atendido por camareros de la antigua usanza, muy, muy tranquilos. Carne muy, muy buena, y con el corte adecuado.

Ⓜ **LA OLLA CARTAGENERA:** avda. San Martín carrera 2 núm 5- 100 Local 3. ☎ 665 38 61. Uno de los más populares. Amplio y agradable patio tropical donde degustar comida criolla, árabe e internacional.

Ⓒ **EL TINAJERO:** es el restaurante del Hotel Hilton. ☎ 665 06 66. Buenas carnes y pescados y algún plato con un toque español.

Ⓒ **GOURMET:** es el restaurante del Hotel Capilla del Mar. ☎ 665 11 40. Cocina marinera y mariscos. Platos con toques franceses.

LA MÚSICA es todo para el colombiano. Entre las aportaciones colombianas hay que citar la cumbia, el porro, el paseo vallenato y el bambuco. **La cumbia** suena en toda Colombia, aunque más si cabe en el Caribe. Es un son agridulce que, según los entendidos, procede de aquellos ritmos que vinieron de África. Son muchas las obras maestras de este género, por ejemplo La Piragua (1973) del gran compositor José Barros. Las cumbiambas de calidad se tocan a ritmo de tamboras, tamborillos, replicadores, cañamillos, guarachas y a son de las archiconocidas maracas. Uno de los ritmos con más tradición es el **bambuco**. Etimológicamente parece que proviene de los indios bambas, habitadores del litoral Pacífico. Para algunos el símbolo máximo de la música popular colombiana, o en palabras de Manuel Mejía: *Para un tiempo en que las mujeres entraban en la vida guiadas por la voz...*

El vallenato, se dice, nació en el departamento Cesar. Escuchar las letras, sobre todo con unas copitas de más, es una gozada. Lo oiréis en el autobús, a la

vez que admiráis el paisaje. Es una de las imágenes de Colombia que, tras el viaje, más persistirán. Grandes compositores y cantantes del vallenato son: Aníbal Velásquez, Alejandro Durán, Diómedes Díaz, Carlos Vives, Lizandro Mesa y sobre todo Binomio de Oro. También es relevante la aportación de los colombianos y sobre todo la de los caleños a la **salsa**. Entre los conjuntos que la cultivan el mejor es Niche. Entre sus canciones algunas son ya patrimonio del país: *Mi negra y la calentura, Cali pachanguero,* etc. Otro grupo archiconocido es Guayacán. En Cartagena, a la hora de la marcha, podréis disfrutar de todos los ritmos mencionados.

GENERALIDADES

TERRAZAS, COPAS: muchos bares de copas y discotecas (rumba, salsa, etc) en la avenida del Arsenal (discoteca *Mister Babilla*, cantina *La Carbonera*, etc). Hay marcha, claro, en Bocagrande, por los bares que dan a la playa y en las discotecas de los hoteles, pero, repetimos, los mejores sitios para rumbear son los locales del centro histórico y la avenida de Arsenal.

RUTA DE LA SALSA: la conforman una serie de locales en el centro histórico, los más conocidos son ***Donde Fidel*** (fijaos en las fotografías de las paredes, en las que están don Fidel Leouttau con el Gran Combo, los hermanos Lebron, Andy Montañez, Cheo Feliciano, Celia Cruz, etc), queda ubicado en el portal de los Dulces; ***Quiebra Canto,*** en Getsemaní, al lado del Hotel Monterrey, en el segundo piso; ***La Habana,*** en Getsemaní en el calle de la Media Luna; **Bazurto,** etc.

PLAZUELA DE SAN DIEGO: es uno de los espacios más agradables de esta agradable ciudad. Una serie de restaurantes y terracitas para sentarse un rato al caer de la tarde o por la noche, además pega la brisa. En el centro montan por las noches se improvisa un mercadillo de artesanía.

PLAZA FERNÁNDEZ MADRID: más terrazas, un restaurante de sushi, otro de cocina colombiana. Para tomarse unas cervezas y un aguardiente, además no es nada caro, la terraza de la **Whisquería Zorba.**

EN EL CENTRO HISTÓRICO

Para algo más movidito, en los segundos pisos de la Plaza de los Coches, discos con ritmos tropicales y sumamente animadas: **Casablanca, El Pachá y La Tarzana,** maravillosa la terraza del último piso con divanes para tumbarse y todo. **Café del Mar:** bajando pegados a la muralla, en el siguiente baluarte. Igual de bonito y agradable que el anterior, pero con música totalmente distinta, aquí ponen trance o pop y rock conocidos. También para bailar.

EL BALUARTE: enfrente del Hotel Santa Teresa. Terraza montada sobre el baluarte, con vistas a la ciudad y al mar, mucha rumba caribeña y música en vivo. No os lo perdáis.

EL CORO: restaurante y lounge-bar. Se trata de un local bastante elegante y exclusivo. Cócteles, música en vivo. En el centro histórico (San Diego), hotel Santa Clara.

EN GETSEMANÍ

A lo largo de toda la avenida del Arsenal encontraréis muchos sitios muy animados.

MR BABILLA: un clásico de la noche cartagenera, tienen otro en Bogotá. Grande y decorado con mucho encanto, con elementos típicos de la cultura caribeña. Super rumbero y muy de moda, a veces hay cola para entrar. Y si a mitad de la noche os da hambre, también tienen picadas y demás.

MARÍA Y MULATA: ya lo hemos mencionado como restaurante, pero aquí también se prende la rumba. Siguiendo por la avenida, varios sitios de música tropical, sobre todo salsa: **La Carbonera, La Carreta y La Parranda**, éste último es el más auténtico.

TROPICAL COKTAILS: este es al revés, un clásico de la noche bogotana, sobre todo entre los más jóvenes, que se ha trasladado a varias ciudades del país. La gran atracción, los cócteles que ya tienen preparados, salen de grifo, con colores y sabores inimaginables.

VÍA APIA: Santo Domingo con Nuestra Señora del Carmen. Bar sobre todo para rockeros.

BOCAGRANDE

XTIGMA BAR: avenida San Martín Mall Plaza. ☎ 665 55 10. Música muy moderna.

COPAS "ORGANIZADAS"

LA CHIVA EN RUMBA: en esta ocasión el tour consiste en subirse a un bus descubierto con banda de música. El cacharro se detiene en algunas tabernas para poder beber, aunque también llevan el trago puesto en el bus. Esta clase de rumbas las organizan todos los hoteles importantes, pero especialmente salen del Hotel El Dorado a las 19.00 h (os cobrarán unos 25 USD).

CAFÉS

JUAN VALDEZ: calle San Agustín Chiquita con calle Universidad. Café de lo mejorcito. Encuentra todos los sabores del café colombiano. Excelente presentación y ambiente. En la zona veréis un par de **panaderías**-bollerías que están muy bien (como el **Pan de Bono**). Hay otro Juán Valdez, muy grande, en plena avda. San Martín, 7-17 (Bocagrande).

JUGOSA COOL: establecimiento moderno y famoso por sus zumos. Calle del Ayo, 4-50.

BRIANZOLA: al lado del Café Juan Valdez. Helados muy ricos.

CASINOS

No son como los de España, en general son bastante cutres, salvo alguna excepción como el Casino de **La Fortuna** que está en el centro de la avenida San Martín.

EL DORADO PLAZA: www.**hoteldoradoplaza.com** hotel Cartagena Plaza. Bocagrande. Póquer, ruleta etcétera.

FANTASÍA TROPICAL: Carrera 2 núm 5-31. Máquinas tragaperras, ruleta, black jack, baccarat, póquer caribeño.

CASINO LA PERLA DEL CARIBE: centro comercial Pierino Gallo. Bocagrande.

MASTER ROYAL CASINO: San Martín, 8; ☎ 665 90 23.

ACTIVIDADES

Los menos activos pueden dar un paseo en **coche de caballos**: en Bocagrande se ponen delante del Hotel Caribe y en el centro histórico delante de la Santa Teresa y del Santa Clara. Los veréis por todo. Cobran poco por el paseíto.

En Bocagrande, y en todas las playas, algunas señoras se dedican a hacer trenzas a un módico precio. Otras dan masajes, una maravilla y otras, las palanqueras, preparan deliciosas ensaladas de frutas. Las distinguiréis por su alegría, su ropa colorida y porque cargan un pilón con frutas en la cabeza.

En la larga playa que recorre Bocagrande podréis practicar algunos deportes náuticos: vela en pequeñas embarcaciones, windsurf, etc.

PASEOS EN RÉPLICAS DE "GALEONES": están anclados al lado de los Pegasos. Información ☎ 664 87 60. **www.cartagenamagica.com**

BUCEO: para bucear hay que ir a las Islas del Rosario, famosas por sus arrecifes coralinos, con una visibilidad que en ocasiones supera los 100 pies. En Cartagena encontraréis varios clubes de buceo que os organizan la excursión y os instruyen si es la primera vez, por ejemplo **La Tortuga Dive School** (Calle 1 núm 2-33, L-4, Edif. Marina del Rey, ☎ 665 69 94).

GOLF: en el selecto Country Club. Campo de dieciocho hoyos con un par 72. La cuota incluye el servicio de caddie. No hace falta llevar el equipo, lo alquilan en el club.

IR A LAS PELEAS DE GALLOS: fines de semana en La Española, paseo de Bolívar.

TOURS

CHIVAS (rumba chiva): paseo por los principales atractivos de la ciudad, cada bus chiva tiene capacidad para cerca de 50 personas. El tour no es caro (unos 25 euros).

COCHE CON CABALLO: repetimos, puede conocer los lugares turísticos de la ciudad, el cochero sirve de guía. Recuerde que máximo deben estar en el coche cinco personas, es por aquello de cuidar el bienestar de los caballos.

PASEO EN HOVERCRAFT: es un aerodeslizador sustentado por un colchón de aire que lo separa de la superficie, o sea del agua. Tiene capacidad para 32 personas y alcanza los 65 kilómetros por hora. Los recorridos llegan hasta Mompox, Barú, Mona Prieta y por la Bahía de Cartagena. Informes Aviatur 665 01 01 ó 665 02 09. **www.aviatur.com**

EXCURSIONES

Algunas compañías organizan excursiones por la ciudad, pero lo mejor es verla andando. Por otra parte, son muchos los que se ganan la vida ofreciendo excursiones a los turistas. Estos morochos son muy simpáticos. Os ofrecerán paseos a Barú, Bocachica, Playa Dorada y las islas del Rosario.

EXCURSIONES POR LA BAHÍA. Son varias las embarcaciones con las que se organizan este tipo de paseos marinos. Las veréis en el **Muelle de los Pegasos** o **Muelle Turístico La Bodeguita**. Siempre interesante, sobre todo para hacerse una idea de cómo era el sistema defensivo cartagenero desde el mar. Que es para lo que estaba hecho ese sistema defensivo, para proteger la urbe de los ataques corsarios y piráticos. Veréis Bocachica, Tierra Bomba y otros sitios de la bahía. El paseo incluye la visita al Castillo de San Fernando y a lo que queda de las viejas baterías: Santa Bárbara, Santiago, San Felipe, Chamba. En la mayoría de los hoteles os darán información sobre estas excursiones, pero también os podéis dirigir a: **Camino Tours** (Carrera 2 núm 8-19. L-1 y 2. Bocagrande. ☎ 665 74 51) y otras agencias repartidas tanto por Bocagrande como por el centro histórico. **Otro recorrido que vale la pena** es el que se hace por el manglar en la Boquilla, en una canoa de madera, mientras un guía va refiriendo la historia. Dura 2 horas, sale desde la 8.00 hasta las 18.00 h, cada dos horas. El tour tiene un valor aproxima-

ÍNDICE

TRANSPORTES

COMPRAS

ALOJAMIENTOS

RESTAURANTES

COPAS

ACTIVIDADES

CARTOGRAFÍA

LUGARES DE INTERÉS

NOTAS DE VIAJE

NOTAS DE VIAJE